CK&SNOW 編
中根穂高 監修

インドア ボルダリング 練習帖 改訂版

うまく のぼれる、 もっと 楽しめる！

©珈琲／のぼる小寺さん

ボルダリングについて知ろう
Let's get to know bouldering.

ボルダリングって何？

　ボルダリングは「ボルダー」と呼ばれる大きな石っころを登って楽しむ、ロッククライミングの一部門です。大きな岩場の下や、渓流、氷河地形の跡地などにはよく、小型自動車からマイクロバス程度の大きな石が転がっていますよね。これらの巨石を地質学用語でボルダーと呼びます。それを登る遊びがボルダリング。ちなみにアメリカのコロラド州には、ボルダーがゴロゴロとたくさんあることから町の名前がボルダーになったところもあります。

　高さ3、4mのボルダーは、登ろうと挑戦して、もしも落ちてしまっても、下地が平らであれば大ケガをすることはありません。そこで、この岩に興味本位で登ってみようとする人がいました。横や裏側に回れば簡単に上まで登ることができる岩でも、あえて難しい面から登ろうとしたり、その岩をトラバース（地面に足をつけずに横方向へ移動）して遊んだのが、そもそもボルダリングの始まりです。

　なかには、落ちたらケガだけでは済まないような高いボルダーを登る人もいますが、あくまで、落ちても大ケガをしない高さまでを、ロープをつけずにひとりで登って遊ぶのがボルダリング。非常にシンプルで、それでいて奥の深い遊び、それがボルダリングなのです。

ボルダリングはロッククライミングの一種

　先にも言いましたが、ボルダリングは、ロッククライミング（岩登り）のひとつの部門です。ロッククライミングは、岩を登る（前進する）ために、ハシゴの一種であるアブミなど人工的な登攀道具を使う「エイドクライミング（人工登攀ともいう）」と、安全確保のためにロープなどの登攀道具を使っても、それを頼って登ることはしない「フリークライミング」とに大きく分かれます（下図参照）。

　さらにフリークライミングは「ルートクライミング」と「ボルダリング」に分けることができます。ルートクライミングは安全確保用にロープを使って、通常、数十メートルの長いルートを登るのに対し、ボルダリングはロープを使わず、落ちても致命的なケガにならない程度の高さ（5mくらいまで）を登ります。代わりに、岩の下に持ち運び可能なボルダリングマットを敷いて、落ちたときの衝撃を和らげます。

　たまに「ロープを使って登るボルダリングをやりたい」と言う人がいますが、そのような表現は間違いということになります（トップロープでのボルダリングを除く）。ちなみに、高さ10mくらいの、より大きな岩を登るボルダリングを「ハイボルダー」といいます。

　ボルダリングはボルダーを登る遊びだということがわかっていただけたと思いますが、近年、インドアに造られた人工壁を登るボルダリングが流行しています。すなわち、室内の壁に、自然の岩のような手がかり（ホールド）を取り付けてルートを作り、それを登って遊ぶのです。

　人工的に造った壁は、ボルダーという巨石とは違うものですし、ホールドもプラスチックや硬質ゴム製がほとんどで、岩石ではありません。でも、人工壁のボルダリングも、ロッククライミングの一部であることに変わりはないのです。

ロッククライミング

前進するための道具を使わない —— フリークライミング

ロープを使う —— ルートクライミング

ロープを使い、クライマーとビレイヤーがペアになって長いルートを登る。力の配分を考えるなど、戦略的な楽しさがある

ロープを使わない —— ボルダリング

ロープを使わず高さ数メートルの岩を登る。距離は短いが、そのなかに岩登りの要素が詰まっている。マットを使うのが一般的

前進するための道具を使う —— エイドクライミング

岩に打った支点にアブミ（ハシゴ）などを掛け、それに手足を掛けて登る伝統的登攀。山の中にある大岩壁を登ることが多い

ボルダリングの歴史

ボルダリングはかつて、岩場がある山に登るための練習、訓練として行なわれていました。日本でも谷川岳や六甲などの岩の練習場には、テスト岩などと呼ばれる、ロープなしでも登ることのできる高さの岩があり、それを登り下りしたり、地上1mくらいのところをトラバースするトレーニングが行なわれていました。落ちても大丈夫な小さな岩で技術を磨き、アルプスやヒマラヤの大岩壁を登るというのが、当時のクライマーの目標であり、一致した考え方でした。

しかし、登山の一部である岩登りの練習でしかなかったボルダリングを、ひとつのスポーツとしてとらえ、その道を追求していった先駆者が、アメリカのコロラドにいたジョン・ギル氏です。ギル氏は、体を鍛え、ボルダリングの技を磨いて、当時としては考えられないほど難しいボルダーを次々と登りました。登山靴とバスケットシューズの中間のような質素な靴を履き、マットもなしで、今なお色あせることのない、ダイナミックな動きが必要なボルダーを登ったのです。身の毛もよだつほど高いボルダーをロープなしで登ったり、信じ難いくらい遠いホールドに飛び付く課題に挑戦したりして、その存在とボルダー課題は伝説となっています。

1980年代になると、日本でも盛んにボルダリングが行なわれるようになります。80年代後半になると、人工の壁を登るクライミングジムが日本各地に少しずつできはじめました。

そんな折、日本におけるボルダリングの先駆者である草野俊達氏によって、日本独自のボルダリングのグレードシステムである段級式が提唱され、同時に全国の課題が発表されました（それらは今もクラシックとなっている名課題です）。その流れを受け、室井登喜男氏が『小川山　御岳　三峰　ボルダー図集』（ルート図集）を出版し、日本にもボルダリングの文化が根付きました。

そして2000年代に入るとインドア・ボルダリングジムが飛躍的に増え、一般の人たちにも広がったのです。

どこで楽しむの？

先に述べましたが、自然のなかにあるボルダーを登るもともとのスタイル(外岩)も、ジムの人工壁を登るのも両方、ボルダリングといいます。

山のなかや河原にあるボルダーまで出向いていくのは大変だし、雨や雪で登れないことだってあります。仕事や学校があるので登る練習の時間が思うように取れないことも。そういった要望から、インドア・ボルダリングジムが誕生したのです。限られたスペースの中により多くの課題を設定して楽しもうと考え、ジムのボルダリングは発展し、おかげで、多くの人が手軽にボルダリングを楽しめるようになりました。

そんななか、十数年前からインドア・ボルダリングは若い人を中心にブームになり、それにともない、全国各地にジムが加速度的に増えました。ネットなどで調べれば、きっとあなたの家の近くにもあるはず。まずは近所のジムで基本を覚えましょう。

でも、インドアジムでのボルダリングが楽しいと思う人ならば、自然のなかにある本物のボルダーを登れば、絶対にもっと楽しく感じるでしょう。「なぜこれをもっと早くやらなかったのか」と嘆くこと請け合いです。インドアジムでのボルダリングは、市民プールでの水泳練習のようなもの。そして本物の外岩でのボルダリングは、ハワイの海でイルカと一緒に泳ぐこと。両者にはこれくらいの差があるといえます。

本書を見ながらボルダリングの基礎をジムで練習したら、ぜひ、外岩へも出かけてみてください。

外岩というと難しいというイメージがあるかもしれませんが、ジムに行ったことがない人でも登れる課題もたくさんあるので、気後れすることはありませんよ。

魅力を教えて！

ボルダリングには「課題」と呼ばれるルートが設定してあります。始めたばかりの人でもすぐに登れる簡単な課題もありますが、上級になるほど、動きや手順を考えたり、特殊な技や筋力が必要になって難しくなります。苦労し、努力してそれを登ることができると、大きな喜びとなるものです。もちろん、「そんなことができて、なんの得になるんだ？」と言う人もいるでしょう。

しかし、最初からなんの苦労も必要ない課題をただ登るだけでは、つまらないと思います。登るスタイルや流儀のようなものもなく、自由ですが、一筋縄では登れない。そして世界的に共通する難しさの尺度が決められているのも大きな励みとなるはずです。

初めは登れなくても、難しい課題に何度も挑戦し、解決していくことで充実した喜びを感じられ、また自分が上達しているのを実感できるのが、ボルダリングの大きな魅力といえます。

CONTENTS

002 ボルダリングについて知ろう
- 002 ボルダリングって何？
- 003 ボルダリングはロッククライミングの一種
- 004 ボルダリングの歴史
- 005 どこで楽しむの？
- 005 魅力を教えて！

1時限目
009 ボルダリングの基礎知識を学ぶ
- 010 ボルダリングジムはこんなところ
- 011 ボルダリングに必要なもの
- 011 グレードは難易度の目安
- 012 課題の登り方
- 013 ゴールに着いたら
- 013 安全に落ちる
- 013 ジムでのルール
- 014 壁の形状
- 016 ホールドの形とホールディング
- 018 フットワーク
- **フットワークの練習：足の入れ替え登り**

Jack's Column 020 ボルダリングはどんな人がやるの？

2時限目
021 基本ムーブを覚える
- 022 ムーブはボルダリングの技
- 023 多様なムーブ
- 024 二大基本ムーブ・正対とねじり
- 025 正対ムーブとは
- **正対ムーブの基本姿勢　正対ムーブの安定した姿勢　正対ムーブで遠いホールドを取る**
- 030 ねじり系ムーブとは
- **ねじりで登るためのムーブの基本　フリとは　フリの練習**
- 034 楽に登るための基本4ムーブ

Jack's Column 036 女性や子供にもできるの？

3時限目 ムーブのバリエーションを増やす

- 037 ムーブのバリエーションを増やす
- 038 インサイドフラッギング
- 040 インサイドフラッギングスタート
- 042 アウトサイドフラッギング
- 044 キョン
- 044 浅いキョン
- 046 ヒールフック
- 048 トウフック
- 048 甲フック
- 050 デッドポイント
- 052 ランジ
- 054 マントリング

Jack's Column
- 056 ジムの上手な利用法＆ちょっとしたマナー

4時限目 ストレッチで柔軟性を高める

- 057 ストレッチで柔軟性を高める
- 058 静的ストレッチ
  首　肩　腰　背中　腹筋群　股関節　ハムストリングス　前腕　足首
- 062 動的ストレッチ
  胸椎・肩甲骨　胸椎・腰椎・肩甲骨・骨盤　腰椎・骨盤・股関節

Jack's Column
- 064 ジムは大人の社交場

5時限目 ボディケアを行なう

- 065 ボディケアを行なう
- 066 テーピングの効果と巻き方
- 068 極度のカチ持ちを制限するテーピングの巻き方
- 070 正しいアイシング
  なぜ冷やすのか　アイシングするときのルール　プラス・ストレッチで疲労を軽減
- 074 上半身のセルフケア
  首まわり　肩　腰　前腕
- 078 アミノ酸活用法
  アミノ酸の正しい使用法

Jack's Column
- 080 休養は大切！

6時限目

081 　**正しい用具を選ぶ**

082 　ボルダリングのシューズ選び
　　　クライミングシューズの各部名称　シューズの種類と特性を理解しよう
　　　形状の違いと利点　足形に合うシューズを探す　メンテナンスとアクセサリー
　　　女性のシューズ選び　ビギナーにおすすめしたいインドア・ボルダリングでのシューズ選び

087 　ウエア

088 　その他のグッズ

7時限目

090 　**ボルダリング用語集**

094 　開拓・初登はおもしろい

095 　**おわりに**

1

時限目

ボルダリングの基礎知識を学ぶ

まずはジムってどんな場所なのか、
どうやって登るのかを知りましょう。
次に、最低限知っておくべき壁やホールドの形状、
ホールドの持ち方や足の使い方を学んで、
ボルダラーの仲間入りを果たしましょう。

ボルダリングジムはこんなところ

　ボルダリングは、まずジムに行くことから始まります。最近は内装がさらにおしゃれになり、初心者でも入りやすい雰囲気のジムがほとんどです。友達を誘ってもいいですが、ひとりでも大丈夫。気軽に出かけてみましょう。

　利用するには、たいていのジムは初回に受付で入会登録をし、利用するごとに施設使用料を払います（週に何度も通う人にお得なフリーパスがあるところもあります）。行く前にウェブサイトなどで料金システムなどを確認しておくと安心です。

　受付が済んだら更衣室で動きやすいウエアに着替え、軽くストレッチやウォーミングアップをしたら、さっそく課題に挑戦してみましょう（ストレッチについては4時限目を参照）。垂直な壁や前傾した壁、バランス感覚が求められるもの、筋力とテクニックが必要なものなど、さまざまな課題が用意されています。なお、受付の時に初めてであることを伝えると、スタッフが利用の仕方を説明してくれるでしょう。

　リードクライミング（ロープを使ったクライミング）もできるジムでは、ボルダリングとリードで壁が分かれています。ボルダリングは専用の壁で練習し、リード用の壁は登ってはいけません。

1時限目

ボルダリングジム
ウエストロック 府中店

室内はこんな感じ！

垂直の壁

前傾した壁

ジムにはさまざまな傾斜の壁、難易度の課題が用意されていて、誰でも楽しめるようになっている

ジムにはこんな施設があるよ

ショップ
クライミング関連商品を売っているジムも多い。オーナーこだわりの品が置かれていて興味深い

更衣室
男女別の更衣室で着替える。クライミング中、荷物はここに置くが、貴重品は専用ロッカーに預けよう

トイレ&シンク
チョークで汚れた手を洗うためのシンクや、アイシングに使う製氷機があるところが多い

レンタルコーナー
たいていのジムではシューズやチョークがレンタルでき、道具を持っていなくても楽しめる

ボルダリングに必要なもの

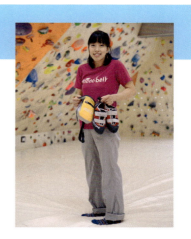

ボルダリングは専用の道具がほとんど必要なく、未経験でもすぐに始められるのが魅力。ジムの場合、必要なのは、動きやすいウエア、クライミングシューズ、チョークの3つです。このうち、シューズとチョークはジムでレンタルできる（有料。1回数百円）ので、ひとまずは、ウエアさえあればいいでしょう。

ウエアはクライミング専用のものも売られていますが、とりあえずはTシャツに伸縮性のあるパンツなど、動きやすいものであればなんでもOK。上記3点に加え、ホールドについたチョークを落とすためのブラシも持っていきましょう。こちらも専用のものがありますが、歯ブラシで代用できます（詳しくは6時限目参照）。

グレードは難易度の目安

日本ではボルダリングのグレード（難易度）は段級式で表記され、級の数字が大きいほどやさしく、段の数字が大きいほど難しくなっています。

ジムの課題は主にスタッフによって設定され、難易度もスタッフが決めています。グレードには正確な基準があるわけでなく、あくまで感覚なので目安にしかなりません。ですからジムによって、同じグレードでも多少、難易度が違うこともあるでしょう。でも初心者にとって、わかりやすい難易度の表記があることは、自分の上達度を知ることができて便利です。これも目安ですが、4級くらいまでが初級、3級〜初段が中級、それ以上は上級と覚えておくといいですよ。

今回、取材に協力してもらったボルダリングジム「ウエストロック」では、いちばんやさしいグレードは8級。何級から始まるかはジムによって違い、もっとやさしい「10級」といった課題を用意しているところもあります。

なお、アメリカではVグレード（V0-〜V16）、ヨーロッパではフォント（1〜5+、6a〜8c+）で表記されています。海外の記録を読むときは右の相対表を参考にするとわかりやすいでしょう。

ちなみに、外岩のグレードや課題の名称は基本的に初登者（初めてその課題を登った人）がつけます。

ボルダーグレード

日本	ヨーロッパ	アメリカ
6級	3+	V0-
6級	4	V0
5級	4+	V0+
5級	5	V1
4級	5+	V2
4級	6a	V2
3級	6a+	V3
3級	6b	V3
2級	6b+	V4
2級	6c	V4
1級	6c+	V5
1級	7a	V6
初段(+)	7a+	V7
初段(+)	7b	V8
二段(+)	7b+	V8
二段(+)	7c	V9
三段(+)	7c+	V10
三段(+)	8a	V11
四段(+)	8a+	V12
四段(+)	8b	V13
五段(+)	8b+	V14
五段(+)	8c	V15
六段	8c+	V16

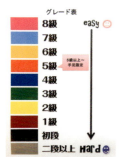

上／ジムの課題はスタッフなどによって作られている
左／ジムに貼られたグレード表。上達の目安にしよう

課題の登り方

まずは登る前に壁をよく見てみましょう。さまざまな色や形のホールドが付いていて、その横にいろいろな色のテープで印が付けられていますね。どこを登ってもいいのですが、初心者はジムで用意された課題を、やさしいほうから挑戦していくのがおすすめです。

ホールドの横に貼られたテープは課題を示しているもの。たいていはテープの色で難易度を表していて、形によってルートが区別されています。つまり、同じ色、同じ形のテープが付けられたホールドだけを使って登るのです。

左の写真を見てください。例えば、ピンクの四角テープが貼られた課題を登るとします。ここではわかりやすく、その課題のホールドを○で囲んでみました。テープに「S」と書かれているところがスタート（1）、「G」がゴール（6）。決まりはスタートとゴールのホールドを両手で持つこと。マットの上に尻をつけ、1のホールドを両手で持ちます（下の写真参照）。あとは順にホールドを追うように登っていきましょう。6のホールドを両手で持つことができたらクリアです。ちなみに、初心者向けの課題は、足はどこに置いてもいいことが多いです。

＊課題の表示方はジムによって違うことがあります。わからなければスタッフに聞きましょう。

ひとつの課題の例：ピンクの四角テープが付いたホールドだけを使って登る

1時限目

ゴールに着いたら

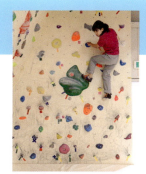
安全な高さまでクライムダウンし、そこから飛び降りる

ジムでは、ゴールしたらいきなりマットの上に飛び降りる人をよく見かけます。でも、壁の高い位置から飛ぶと衝撃が大きすぎて危険なことも。

余力があれば、どのホールドを使ってもいいので、ホールドをしっかりつかんで、フットホールド（足を置く場所）をよく見ながら、登ったときと逆の要領で、1～2mの高さまでゆっくり下りましょう（これをクライムダウンといいます）。安全な高さまで来てから、マットに飛び降りるようにします。

そのとき、下に人がいないことを確認し、確実にマットの上に飛んでください。端に着地し、壁とマットの間に足が入ってしまうと、骨折や捻挫をする事故も起こり得ます。

安全に落ちる

課題をトライ中に、ホールドに届かなかったり、滑ったりして、不意に落ちてしまうこともよくあります。

マットの上であっても、左下の写真のようにドスンと着地することを繰り返していると、ひざや腰に過度な負担がかかり、ケガや故障の原因になることも。また、着地の際に足や手をひねって負傷することも考えられます。

不意落ちしてしまったときは、下の連続写真のように、足を軽くマットにつき、そのまま後ろへゴロンと転がるようにして、体全体で衝撃を吸収するといいでしょう。

普段からなるべく衝撃の少ない落ち方をするクセをつけておくと、ケガをするリスクを減らすことができます。

衝撃の少ない落ち方。ただし、マットからはみ出さないように。また、頭を打たないよう注意

ジムでのルール

ボルダリングでは上記のように、クライマーが突然上から落ちてくることもあるので、マットの上に座って休んだり、登っている人の下に立っていたりすると危険です。落ちてきた人と接触すると、お互いに大ケガをしてしまいます。マットの上にペットボトルやブラシなど、物を置くこともやめましょう。

また、同じ壁に取り付くのもNG。先に登っている人が優先なので、登る前に自分の課題をよく目で追って、ほかの人と交差したり、近づきすぎたりしないか確認しましょう。

お酒を飲んで登らない、無駄に大声で騒がない、などは当然のマナーですね。特に男性が、暑いから（見せたいから？）といって上半身裸になるのも避けたいこと。女子から（同性からも）冷ややかな視線を浴びることにもなりかねませんよ。

ジムでやってはいけないこと
1. 2人以上で同じ壁を登る
2. マットの上で休む
3. チョークを床にこぼす
4. お酒を飲んで登る
5. 上半身裸で登る
6. 大声で騒ぎ迷惑をかける

マットの上で休んだり、同じ壁を登ったりするのはたいへん危険なので、やらないように

壁の形状

壁の形状はさまざまです。ボルダリングというと、オーバーハングした壁をグイグイ登る姿を想像するかもしれませんが、垂直以下の壁（スラブ）から天井のような傾斜（ルーフ）まであり、それぞれに違ったおもしろさと難しさがあります。

例えば、一見すると上級者しか登ることを許されないようなオーバーハングでも、公園にある"うんてい"のように、つかまりやすいホールドばかりであれば簡単ですし、スラブでも鏡のようにツルツルでは登れません（ただし、ジムでは傾斜の弱い壁を初心者向けとする傾向があります）。

ここでは、それぞれの特徴を紹介します。自分の得意な傾斜や形状を知ることは上達につながりますので、しっかり押さえておきましょう。

さまざまな傾斜、形状がそろうクライミングジム。それぞれに要求される力やテクニックが違う

1時限目

スラブ

傾斜90度以下の壁を呼ぶ。人工ホールドは飛び出しているので、それほど難しい課題を設定されることは少ないが、岩場では日本最難レベルのスラブ課題というものも存在する。主に下半身の柔軟性とフットホールドに立つ技術が必要になるため、いくら腕っぷしが強くても登れずに苦労することも。手を使わずに登れるスラブ（ノーハンドスラブ）はフットワークの練習に最適だろう。

フェイス

垂直前後の壁のこと。スラブ同様、繊細な登りを要求されることが多く、力ずくでは登れないこともある。こういったネチネチした登りをする課題を「スラビー」と表現する場合があるが、これはフェイスから緩くオーバーハングした壁でよく見られる。

クラック

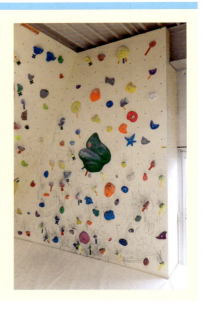

割れ目のこと。岩場ではクラックだけを使用して登る課題があるのに対し、人工壁で見かけることはまれ。たまに壁に隙間を設けて再現しているジムがある。一般的なジムで見かける場合、写真のようにハリボテの隙間をクラックに見立てて使う程度だろう。専用のテクニック「ジャミング」を使う。

オーバーハング

前傾した壁の総称で、傾斜によって薄かぶり（写真左）、どっかぶり（写真右）などと分けられる。ルーフもオーバーハングの一種。上半身の力ばかり使うイメージだがフットワークが重要で、足でフットホールドをうまく使うために体幹が必要だ。また、懸垂ができなくても登れないことはないが、やはり腕で引き付ける力があったほうが有利。

ルーフ

傾斜が180度程度の、文字どおり天井のような壁を指す。ぶら下がるだけでは前に進めず、また、体重を足に分散させないとすぐに疲労してしまうのは他の傾斜と同じだが、足を持ち上げるだけで、腹筋、背筋、足の力などの強力なパワーを要する。進行方向に向かって足から進むことがまれにあり、これはルーフならでは。

1時限目

コーナー

凹角のこと。本を立てたときの形状に似ていることから「オープンブック」と呼ばれることもある。左右の壁に足を突っ張れば（ステミング）、手でホールドを持たなくても立っていられるシチュエーションも。壁の弱点であり、コーナーの両面を使うと簡単な場合は、「右壁（もしくは左壁）禁止」などの限定がされることがよくある。

カンテ

凸角のことで語源はドイツ語。フランス語の同意語「アレート」もときどき使われる。英語では凹角と同じく「コーナー」と呼ぶのが紛らわしい。ヒールフック、トウフックの使用率が高く、独特の立体的なクライミングができる。角度によってはどこでも持ててしまうため、「カンテ使用禁止」と限定したフェイス課題もたまに見られる。

ホールドの形とホールディング

突起などの手がかり（厳密には足がかりも）を「ホールド」と呼びます。このホールドを握ることが「ホールディング」です。クライミングでは、ホールドの形状や向きによって、いくつかのホールディングテクニックがあります。

上手なクライマーは、ホールドの形状に合わせてミリ単位以下で最適な位置を判断し、より適切な握り方をしているのです。ここでは、初心者がまず知っておくべき、代表的なホールディングを紹介しましょう。

ガバ

ガバッと持てるホールドを指す。力をかけやすく、ビギナー向けの課題やスタート、ゴールはだいたいがガバ。なるべくひじを伸ばし、腕の力を抜いて持とう。余談ではあるが、上級者が言う「ガバ」は、初心者にとっては必ずしもガバっと持てない場合がある。英語では「バケット」。

カチ持ち

小さくても掛かりのいいホールド（カチ）を握るときに使う。このとき、親指を人さし指に添えるように置くことで、より力強く握ることができ、第一関節を反らせて第二関節を曲げると、さらに支持力が高まる。「アーケ」（仏）、「クリンプ」（英）ともいう。

アンダー

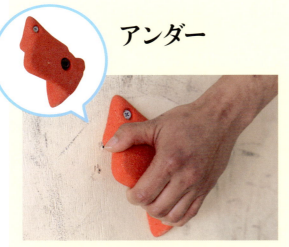

下向きのホールドの握り方。足で押し上げる力を併用できれば、力をセーブすることも可能だ。

タンデュ

指先をホールドに掛け、関節を伸ばすようにして握る。初心者は、ホールド形状に合わせてカチ持ちとタンデュの使い分けを意識するのが大切。タンデュはフランス語。「オープンハンド」（英）ともいう。

サイドプル

横向きのホールドで使う。うまく保持するためにはバランスやパワーが必要だ。

ガストン

体の中心から見てサイドプルと反対向きのホールドのとき、この持ち方で体のバランスを保持する。特に肩のパワーが大切になる。

ポケット

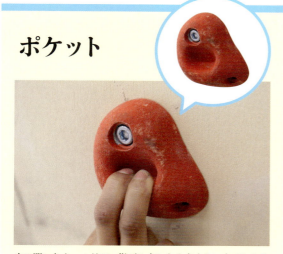

穴の開いたホールドで、指が1本から3本くらいまでしか入らない。穴に入らない指は「グー」をするように握り締めるのがコツ。通常、タンデュで保持する。

パーミング

ツルツルした丸みのあるホールドを持つときの形。指先から手のひらまで使って包み込むように握り、指だけでなく、肩や背中のパワーも意識するのがコツ。

ハリボテ

木や樹脂でできた巨大なホールド。以前、コンペなどで大流行し、その影響でクライミングジムでも多用されている。普通のホールドが設置されてそれを使う場合と、ハリボテの形状そのものを使った課題があり、後者の場合は独特のテクニックを要する。

フットワーク

　足がかりは「フットホールド」といいます。初めてのクライミングのとき、ハシゴを登るときのように足の土踏まずの部分をフットホールドに乗せる人が多くいますが、これは間違い。クライミングでは、つま先で立つのが基本です。まずはフットホールドにつま先立ちすることを覚えましょう。

　このつま先立ちができるようになったら、インサイド（親指側）だけでなく、アウトサイド（人さし指から小指まで）を使う方法にもトライしてください。

　目標は、手の指先だけでなく、つま先でもホールドをつかんでいるかのような気持ちで登れるようになることです。

フットワークはバランスよく登るための基本。まずは、上のイラストで親指の赤く示した部分を意識してフットホールドに立ってみよう

インサイドエッジ

親指の内側を使う。親指を中心にして、つま先立ちをするイメージ。まずは、この立ち方を身に付けて。

アウトサイドエッジ

シューズの外側のエッジを使う置き方。足をひねるとき（体幹を振るとき）に使いやすい。

スメアリング

丸みのあるフットホールドに、つま先部分を広く乗せる方法。ソールのフリクションを効かせることができるよう、ベタッと広く乗せるのがコツ。滑りそうで多少怖いかと思うが「滑らない」と信じること。

ヒールフック

シューズのかかと部分を使う方法で、バランスを保ったり、ルーフ（天井のような壁）を登ったりなど、やや難度の高いテクニック。
＊ヒールフックを使ったムーブはP046を参照

トウフック

足の甲の部分をホールドに押し付けてフットホールドを保持する方法。限られたフットホールドのなかでバランスを保つときに使う。ヒールフック同様、やや難度の高い技術だ。
＊トウフックを使ったムーブはP048を参照

1時限目

フットワークの練習：足の入れ替え登り

　フットワークの重要性を理解し、正しい足の置き方を覚えるために、足の入れ替え登りを練習しましょう。
　スタートホールドを持ったら、その下のフットホールドに左右どちらか一方の足を乗せます。もう一方の足はフットホールドには乗せず、ホールドのない壁面にあてがうか、空中に流します。これを「足を切る」と言います。

　重要なのは、最初に動かす手が右手ならば右足を、左手なら左足を乗せるということ。1手目が右手だとすれば、右足がフットホールドに乗っていますから、次の左手を出すには左足にしなければなりません。そこで、同じフットホールドで左右の足を入れ替えます。このとき壁に対してつま先をできるだけ垂直に置くのがコツ。そして入れ替える足を、ホールドに乗っている足の斜め上に持ってきたら、小さくぴょんと飛んで足を乗せ替えます。左足に入れ替わったら左手を出し、また右足に入れ替え、これを繰り返します。
　何度も練習することで、靴の使い方にも慣れることができます。

●足の入れ替え登り

1. 右手でホールドを取るため、右足をホールドに乗せて左足は切る

2. 左足を右足が乗っているフットホールドに寄せる

3. 小さく飛んで、素早く左右の足を入れ替える

4. 左足に乗ったら、バランスがとれて左手が出せる

●足の入れ替え練習

ホールドに乗せる足（右足）は、なるべく壁と垂直に置く

1

乗せ替える足（左足）を斜め上に置き、足の入れ替えに備える

2

わずかに飛んで足を入れ替える。なるべく素早く行なおう

3

4

左足に重心が乗る。これを繰り返して練習してみよう

1時限目

Jack's Column

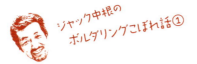
ジャック中根の
ボルダリングこぼれ話①

ボルダリングはどんな人がやるの？

　ボルダリングは、自由になる時間の少ない社会人でも十分に楽しめ、上達が望めるスポーツです。しかも、自らが上達したいと思い、練習し、体を鍛え、技を磨き、難しい課題を登りきることに大きな喜びがあります。

　つまり、ボルダリングを愛好する人々はみな、少しでも上のグレードが登れるといいなと考え、または、より美しく登りたい、長く登り続けたいと考えています。ですから、ジムに行き、熱心に課題に取り組んでいる人は同じ思いを共有しているので友達ができやすいし、一生懸命に登っている人には、誰もが応援してくれるのです。

　初めてのクライミングシューズを買いに来て「こんないい靴を買っていったら生意気と思われませんか？」などと心配する人がよくいますが、そんな心配はまったく無用。誰もが少しでも上手になりたいと思っているから大丈夫ですよ、と私はいつも胸を張って答えるようにしています。

2 時限目

基本ムーブを覚える

より難しい課題を登ったり、力をセーブしたりするために必要となるのが
クライミング独特の動きであるムーブ。
2時限目は、ボルダリングムーブの基本である
「正対」と「ねじり」についてお教えします。

ムーブはボルダリングの技

ボルダリングは単純な動作だけでは登ることができません。手がかり、足がかりは、さまざまな形状をしていて、それぞれの位置関係も違えば、大きさや引く方向も違うし、なかには、引くことができずに押すしかない手がかりだってあるのです。

つまり、ひとつのフォームだけでは登っていくことができないのです。これを解決するために、クライマーがする独特の動作のことを総称してムーブといいます。もっとわかりやすく言い換えれば、ボルダリングを登りきるために繰り出す「技」のこと。

始めたばかりの人は、どうしても腕の力や握力を強化することばかりに目を向けてしまいます。しかしジムに行くと、それほど腕力や握力のなさそうな女性が美しくスイスイと登っていくのを目の当たりにして、ビックリするでしょう。

逆上がりのできない人が努力して握力をつけ、懸垂が10回できるようになっても、逆上がりができるとは限りません。しかし、逆上がりはコツさえつかめば、くるっと回って鉄棒に上がることができます。これと同じことで、どんなに力まかせにやっても登れないところを、より力を使わずに登るためにあるのがムーブだといえます。

腕の力だけで登ろうとしても、人間は筋力を最大2、3回しか連続して出せませんから、4手以上の手数があれば力尽きてしまいます。まして、ホールドが横向きや下向きであったりすれば、腕の力だけでは登ることができません。そこで重要なのがムーブです。

一手一手のこなし方は、たくさんの解決策があり、人それぞれ。しかし、6手、7手と続く課題のゴールを目指すためには、より効率のいい、力の消耗の少ないムーブを見つけ出し、それを正確にできるようにして登っていかないと、途中で力尽きてしまうことになります。

自分が登ることのできない課題を、経験豊かで上手な人に登ってもらい、それをまねると登れることが非常によくあります。初心者のうちはそうやって上手になっていく場合が多いでしょう。

これは、上級者がより登りやすいムーブを知っていて、それを実践して見せてくれたからにほかなりません。もちろん、リーチや筋力、柔軟性によって、やりやすいムーブは違ってきます。しかし、より力を使わないで済むムーブを覚え、それをつなげて登ると、その課題が簡単に、スイスイ登れたりします。

また、数々のムーブを上手につなげて、コースをまるでダンスを踊るように完登できたときの喜びはひとしおです。

ぜひいろいろなムーブを体験し、覚えていこうではありませんか。さっそく次のページからは、基本のムーブと、その練習法をお教えします。

ムーブによって、力の差を超えよう

多様なムーブ

基本ムーブはふたつ

正対ムーブ
→P025

壁に対して真正面を向き、ガニ股で登る形

ねじり系ムーブ
→P030

アウトサイドエッジで立ち、体を左右にねじる登り方

応用ムーブ

インサイドフラッギング
→P038

基本のバランスがとれないときの常套手段

アウトサイドフラッギング
→P042

基本のバランスがとれないときのパワープレイ

キョン
→P044

ひざを内側にひねって腕の負担を軽減する技

ヒールフック
→P046

かかとを使って足に第三の腕の役割をもたせる

トウフック
→P048

つま先を絡めるテクニック。ルーフでの使用率が高い

デッドポイント
→P050

引き付けた瞬間を利用して次のホールドを取るテクニック

ランジ
→P052

ホールドに飛び付くムーブ。これぞボルダリング！

マントル
→P054

外岩デビューをする前に覚えたい、這い上がりムーブ

2時限目

二大基本ムーブ・正対とねじり

　力のない初心者がパワーのなさを補って登るためには、基本のセオリーをまず覚えることです。もちろん、クライミングのムーブは課題によって違うので、いつもセオリーどおりにやったとしても、うまくいかない場合も多いでしょう。
　しかしボルダーの3級くらいまでは、セオリーを使えるところはそのとおりにやったほうが、楽で、力もセーブできます。
　クライミングのムーブは、体を壁にまっすぐ向けてガニ股で登る「正対」と、体を横に向けて登る「ねじり」ムーブとに大別できます。一般的に、男性は筋力があるのでパワーで登る正対が好きで、ねじりが苦手。逆に女性は体の柔軟性を生かしたねじりが好きで、パワー系の正対が苦手です。
　最初は得意なほうで5級くらいまで進んでもかまいませんが、その後、頭打ちにならないためには、それぞれ苦手なムーブも登れるようにならなければいけません。
　そのためにとても有効な方法があります。それは、男女で練習すること。異性と一緒に、少しやさしい課題を、それぞれの登り方と同じムーブで練習するのです。つまり、男性なら女性とすべて同じ手順、足順で登ることによって、苦手なムーブを身に付けていくというわけ。お互いの弱点を補えますよ。
　それでは、正対とねじり、それぞれのムーブについて解説し、コツをお教えしましょう。

正対

壁に対して正面を向いて登る基本的なムーブ

ねじり

体のひねりを利用したムーブ。肩を中心に腰を回転させる

正対ムーブとは

「垂直の壁でのメインムーブ。基本中の基本ワザ。まずはこの姿勢で登ってみよう」

ガニ股にし、足の内側（インサイドエッジ）をフットホールドに乗せて登るムーブを「正対ムーブ」といいます。垂直や傾斜の緩い壁（垂直以下のスラブ壁）での基本姿勢です。

次のホールドを左手で取りにいくときは、左手を出す前に左足をより高いフットホールドに乗せます。反対に、出す手が右手であれば、その手を出す前に右足をより高いフットホールドに乗せます。

これは、体幹（胴体）を軸に考えて、対角線（右手なら左足、左手なら右足の2点）でバランスを保持するという基本テクニック。また、次の一手を読んで、その前に足をベストな位置に置くという意味もあります。

まずは「こうしたほうがやりやすい」という感覚を体で覚えていきましょう。

左手を出す場合、腰の中心位置は左手と右足の対角線よりもやや左側になる

体幹（胴体）を軸とした対角線を利用するとバランスを保持しやすくなる。パワーをセーブできる、美しい登りの基本姿勢

左手を出すときは、その手を出す前に左足を右足より高い位置のフットホールドに置くこと。手を出すときは、そのフットホールドに乗り込むイメージで。登る前にホールドの配置をよく見て、どのタイミングで、どのフットホールドを使えばいいかも想定しておけば、よりスムーズな登りができる

正対ムーブの基本姿勢

「パワーをセーブするためのコツは、ひじを伸ばして、腰を入れる。バランスのいい登りもできるぞ」

壁にとどまるときの基本姿勢です。ホールドを持つ腕は伸ばしてリラックス。上半身はやや壁から離し、腰は壁に近づける（腰を入れる）イメージです。こうすることで足にも体重を分散でき、無駄に腕の力を使うことなく、リラックスできます。また、視線が壁から離れるので次のホールドを確認しやすくなります。

初心者はどうしても、右の写真のように腰を壁から離して足を突っ張ってしまい（へっぴり腰になる）、そのために腕が曲がってしまいます。写真を見ても力がかかっていることがわかると思いますが、この状態だと体重が過度に腕にかかり、それを支えるために腕の力を使うので、すぐに疲れてしまいます。次のホールドを探すことも難しいでしょう。

次のムーブを考えている間や、手で使うホールドやフットホールドを探すとき、チョークアップ（手にチョークをつける）のときも、左の写真のような姿勢をとるのが基本となります。リラックスした姿勢では、長時間、壁にぶら下がっていられるだけでなく、片手でホールドを持つことで、もう一方の腕をレスト（休めること）できます。これは、リードクライミングで特に求められる基本スキルですが、ボルダリングでも手数の多い課題を登るときには重要になります。

また顔は、壁にとどまって腕が伸びている状態のときは、次のホールドを見るために上げてもいいですが、ムーブに入ったら、あごを引き、やや下を向くようにするといいでしょう。あごが上がって頭を後ろに反らせるとバランスを崩す原因となりますし、あごを引くと、より遠くのホールドに手が届きます。

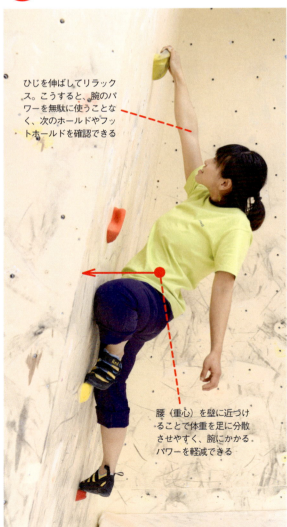

ひじを伸ばしてリラックス。こうすると、腕のパワーを無駄に使うことなく、次のホールドやフットホールドを確認できる

腰〈重心〉を壁に近づけることで体重を足に分散させやすく、腕にかかるパワーを軽減できる

前腕に力が入りすぎた悪い例。入門者はこの姿勢になりがち。バランスが悪いだけでなく、腕の力を無駄に消耗する

正対ムーブの安定した姿勢

登れないということは、ほとんどの場合、次のホールドに手が届かないというものです。特にオーバーハングになればなるほど体の安定は得にくくなり、次のホールドを取りにいくと、体が後方に回転を始めてしまいます。

体を回転させないためには安定した姿勢を保つ必要があります。ところが、この安定した姿勢というのがクセモノでもあるのです。

右の図を見てください。片手（図では右手）を離したとき、左手と両足で作る三角形が、より安定した形のほうがいいといわれています。具体的には、左手の鉛直方向真下の左右に、それぞれの足が均等に分かれて二等辺三角形を作るのがいいのです。こうすると、たしかに安定するのですが、実はこれでは、右手の届く範囲はかなり限られてしまいます。しかも、両足を置くフットホールドが左右ほぼ同じ高さというのも難しい注文で、いつも都合よく安定した三角形を作ることはできません。

しかしボルダリングの場合は、いちいち安定した姿勢をとっているヒマはないということも多いでしょう。どちらかの足を高く上げて乗り込んでいかないとダメですし、フットホールドがひとつのときは、どちらかの足しか乗せられません。

でもこのような場合にいいセオリーがあるので、さっそく覚えましょう。

右手でホールドを取りにいくなら右足が高いほうが安定し、左手なら、左足が高いほうが安定する

ホールドを取りにいく手（右手）と同じほうの足（右足）が高ければ、前傾（オーバーハングすれば、さらに顕著になる）壁で左足がホールドから離れてしまったとしても安定は保たれます。

しかし逆だと、矢印方向に剥がされやすくなり、右足を離すことができないので、遠いホールドには届かなくなってしまいます。

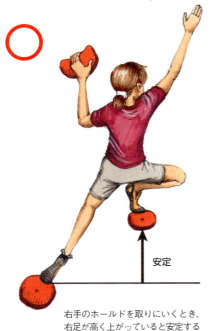

右手のホールドを取りにいくとき、右足が高く上がっていると安定する

右足が低いと壁から剥がされやすく、遠いホールドには届かない

正対ムーブで遠いホールを取る

正対で登るときのムーブのセオリー「次にホールを取りにいく手と同じ側の足に乗れ」は理解できましたか？　右手でホールドを取りたいのなら右足に乗り（写真1・2）、左手なら左足に乗ればいいのです（写真5・6）。

理解できたら、あとは練習あるのみです。両手で持てるガバホールドの真下にフットホールドをひとつ選定して登ってみましょう。そして、低グレードの手足ホールド限定ルートのスタート部分を登る前によく見て手順を考え、左右どちらの足を乗せるのかを決めます。

足を決めてフットホールドに乗せたら、その足に立ち上がる力を利用して、一気に手のホールドを取りにいくようにしましょう。

このとき、引き付ける手は脇を締めることが重要です。練習するときは、脇の下にタオルを挟み、それが落ちないように絞り込むようにするといいでしょう。

そうすると、腕の力だけでなく背中（広背筋）の力も活用でき、より遠くのホールドに手を伸ばすことも可能となります。

●右手でホールドを取る場合

右手で遠くのホールドを取りにいくときは、右足に立ち上がる力を利用する

●左手でホールドを取る場合

左も同様に。左手のホールドを取るときは、左足を高く上げるのが基本

> さらに詳しい

正対二点支持ムーブの解説

memo

正対の二点支持は基本中の基本。超重要です！ なので、さらに詳しく見ていきます。「右手を動かすときは右手」「左手を動かすときは左手」のセオリーを理解したら、次に重心を意識しましょう。

下の写真を例にとると、両足の中央に重心がある場合、左足はフットホールドから離すことができません。ですから、写真のように右側のフットホールドの上に重心を移して、立ち上がっていきます。

こんな課題を設定して練習しよう！

90～100度の壁に設定

ゴール
左
右
スタート
足
足

スタートから3手目。右上のホールドを取りたいが遠く、右足でホールドに立ち上がらなければ届かない距離に

この足を離さないとダメ

両足でホールドに乗っていては届かない

↓

右足の乗せ方も重要！ 乗せるだけでなく、足指でホールドをつかむようにかき込む

重心移動をスムーズに、動きを止めないのがコツ。足で尻を右側に引き寄せ、右足のかかとの上に尻がくるようにする

→

左手をしっかりロックさせる

重心を右へ

まずはこのあたりに左足を移動

左足は壁面をトントンたたいて進むようなイメージ。腰を左から右にスライドさせる感じで重心を移動させる。このとき、なるべく壁から腰が離れないように、しっかりガニ股をキープ

→

このムーブをつかむ **コツ!**

次のホールド（写真では右手でつかんでいるホールド）を取った状態から戻ってみるやり方がある。まずは目標のホールドをつかんだときに両足がどのあたりにあるかをチェックしよう。

2時限目

029

ねじり系ムーブとは

「正対ムーブに並ぶクライミングの超基本姿勢。前傾壁ではこのムーブが活躍する。クライマーっぽい、カッコいい動きはこれだ」

体幹をねじることで腕のパワーをセーブしながら登る方法です。正対ムーブが、ひじを深く曲げて高さを稼ぐのに対して、このムーブでは、ひじをあまり曲げずに高さを稼ぐことができます。

まずは、尻から頭までを一本の軸と考えて、この軸をねじるように（雑巾を絞るように）します。上体ほど多くねじるのがポイント。

例えば、右手でホールドを取りにいくなら、右腰を壁に近づける。逆に、左手でホールドを取りにいくなら、左腰を壁に近づけます。

このとき、右手でホールドを取りにいくなら、右肩を上げて左肩を下げるようにして体をねじります。

足のアウトサイドを使ったほうが、この動きを理解しやすいでしょう。ただし実際のクライミングでは、インサイドを使ったまま、体幹だけをねじることも多くあります。

オーバーハングすればするほど、このムーブが役立ち、かつパワーをセーブできるようになります。

2時限目

右腰を壁に近づけるようにして体幹をねじる

足は正対ムーブと同じく、右手を出すなら右足に立つ

やってみよう！

フットホールドをきちんと見る

バランスのいい登りの基本はフットワーク。手だけでなく、足でもホールドを握る感覚を発見すること

上半身のパワーだけに頼った、バタバタした登りのクライミングをする人がいます。確かに、これでも登ることができれば問題はありません。しかし、この登り方のクライミングには限界があります。

うまいクライマーは、誰もが絶妙なフットワークをもっています。初心者のうちから、手やパワーだけでなくフットホールドも意識して登るのが、上達の近道です。

フットホールドをしっかり見て、ベストな位置に足先を置く。置いたあとも、つま先でフットホールドを握っている感覚を忘れないこと。初心者のうちは手先だけに集中しがちだが、上達するに従って、つま先も同時に意識できることを目指そう

ねじりで登るためのムーブの基本

　ねじりで登るためのセオリーは「次のホールドが右手のときは右腰をつけて左を向け。左手のときは左腰をつけて右を向け」です。わかりやすいように、最初の一手で考えてみましょう。右手が1手目のとき、フットホールドがひとつしかなく、かつ、スタートホールドの左側にある場合は、そこに右足の小指側を置きます。小指側、つまりアウトサイドエッジを置くことを「キョンで置く」と言う人も多いです（P044参照）。本当の意味のキョンとは違うのですが、すでに「小指側＝キョン」が一般的なのでかまいません。

　右足のひざは左側へ向け、ひざと太もも外側が壁面につくようにします。スタートホールドを持っている左手を体に巻き付けるようにし、体を、右足を軸にして左側へひねります。左足は、乗せられるフットホールドがあるならば、左側に突っ張るように置きます。ない場合は壁面そのものにあてがうといいでしょう。

ホールドが右手ならば右腰を、左手ならば左腰を壁につけてねじる

右のホールドを取るときには右腰を壁につけて左を向く

左のホールドを取るときには左腰を壁につけて右を向く（上体をねじることによって左手がより遠くに伸びる）

フリとは 「上達のためのキーとなるムーブ。華麗な足さばき、体さばきにトライしてみよう」

フリは、ねじり系ムーブの進化版です。ねじり系ムーブでは、フットホールドはアウトサイド、インサイドどちらでもOKのいわば軽いねじりだったのに対して、こちらは足のアウトサイドを積極的に使い、より強く体を振るムーブ。前傾壁がメインとなる現代的クライミングには欠かすことのできない動きで、これをいかに早く体得できるかが、上達のスピードを決定づけるともいえます。

なぜフリが必要かというと、腕のパワーをセーブしながら次のホールドを取りにいけるという利点があるから。フリは、腕よりもパワーと持久力に優れる背中の筋肉を使って登れます。

実際にトライしてみて、このムーブのほうが楽だと思えたらしめたもの。腕のパワーだけに頼っていたクライミングからの卒業です。

左のひじは伸ばして、背中にある筋肉パワーを意識する

背筋を使って体をひねりながら右手を伸ばすイメージ。右腰は壁に近づける

左足は突っ張るように横へ伸ばす。足先を壁につけることができると安定するが、場合によっては空中に振り出したままにしてバランスをとることも

軸は右足。足先はアウトサイドを使う。この足で立ち上がるようにして、足の筋パワーも有効に使うようにしよう

フリの連続
前傾壁を登るときの、基本ムーブのひとつ。一手ごとに体のフリを変えながら登っていく。背中や足などの大きな筋肉を効率よく使えるので、腕にパワーのない人に有効。

フリの練習

今度は、フリの練習です。靴の小指側のみを使うようにするので、写真のように、足の親指側にガムテープを張ってもいいくらいです。

1手目に右手を出すならば、右足の小指側をスタートホールド真下のフットホールドに置き、体は右を向いて登ります。このとき、右ひざを曲げ、左足はさらに左側へ振り出して壁面にあてがいます。左足はフットホールドに乗せてもOKですが、後々は足を切るようにします。右側の腰が壁になるべく近づくように体をひねって右手を取りにいきます。

右手が取れたら、ひじを伸ばし、腰を壁にまっすぐに戻します。そして壁と腰との間に空間を作り（ふところを開ける）、右足を左足よりもさらに左上のフットホールドに乗せるためクロスします。今度は、体を右向きに変えて左の腰を壁側につけ、左手のホールドを取りにいきます。あとはこの繰り返しで登っていきます。

このトレーニングは、上手な人に登ってみせてもらい、その動きをまねると効率的。登るルートの選択も含めて、ジムのスタッフにうまくサポートをお願いできるといいですね。

ポイント memo

1. 一手ごとに足をクロスさせて、体の向きを変えよう

2. 足をクロスさせるときは、ふところを開けて足先をよく見て、次のフットホールドに乗せる

3. ひじはできるだけ伸ばし、なるべく長時間、両手でホールドを持つ。つまり、片手だけで腰の高度を稼ぐような動きはしないこと

親指側にガムテープを張ることで、小指側を意識するようにする

1　右足のアウトサイドでホールドに立つ

2　立ち上がると同時に腰の右側を壁に近づける

3　右手と右足を一直線にし、姿勢を維持する

4　次に左手を動かすため、足を乗せ替える

5　左手を動かすときは、左足でバランスをとる

6　左足のアウトサイドでホールドに立つ

7　立ち上がると同時に腰の左側を壁に近づける

楽に登るための基本4ムーブ

1 ひじはなるべく伸ばせ

ひじが曲がった状態だと保持力が長く続かない

鉄棒にぶら下がったときのことを考えてください。ひじを伸ばしていれば、けっこう長くぶら下がっていられる人も、ひじを直角に曲げたままぶら下がったら、すぐに保持力が落ちてしまうもの。初心者はほとんどが、新しいホールドに手が届くとすぐにひじを曲げ、足を突っ張ってしまいます。ホールドが取れたときは、一度ひざを曲げ、逆に腰を沈み込ませるようにして、腕（ひじ）を十分に伸ばしてぶら下がりましょう。

ひざを曲げて腰を下げ、ひじを伸ばしたまま次のホールドをとる → ホールドを取ったら、ひじを伸ばして沈み込むようにすると疲れにくい → その姿勢のまま、次に取りにいくホールドを確認し、距離を測る → 立ち上がると同時に腕で体を引き付ける。ここで初めてひじが曲がる

2 "ふところ"を開けて足を動かせ

ふところとは、胸や腰と壁との隙間のこと。初心者は次のホールドへ、次のホールドへと早く手を移動させてしまうため、体が伸びきって足が動かせなくなり、行き詰まってしまいます。ひじを伸ばして、顔を一度下へ向け、腰と壁との間に隙間を作ってフットホールドを探し、セオリーにのっとって、次が左手ならば左足をホールドに乗せ、それから次のムーブに入るようにします。

胸が壁につくくらい張り付くと足が見えず動かせない

ふところが開くとフットホールドをしっかり見られる

3 ムーブに入ったら腰をつけて、のけぞれ

次のホールドに届く位置のフットホールドに足が乗ったら、いよいよムーブに入ります。このとき、どんなムーブにせよ、腰を壁により近づけ、足の立ち上がる力を十分に利用して、のけぞるように上に向かいましょう。ムーブに入ったあとに、ひざを内側へひねると腰が壁から離れてしまい、次のホールドがつかめません。ひざの内側にアザをつくってしまう女子クライマーは、ひざが出ている証拠。そのクセを直さないと上達できませんよ。

ひざが前に出ていると壁から腰が離れ、遠いホールドに届かない。フットホールドにも十分に立てず、力を使う

腰を壁に近づけて、のけぞるようにすると遠くのホールドに手が届く

4 なるべく長く両手でホールドを持つ

ムーブの途中で片手になってしまった場合は、前のホールドに戻ってでも、片手の時間を短くするのです。どうしてもダメなときは、ひとつのホールドを両方の手で持つ（ホールドを「マッチする」といいます）か、最悪は、もう片方の手を上から持ってもいいでしょう。

右手を離すのが早く、左手のみでムーブを続けている。片手で引き付けるため、力を使う

片手でホールドを保持している時間はなるべく短くする

やってみよう！

この1〜4の動きをスムーズに連結させて登っていくことが重要です。
そのためには、すでに登れているルートを、ムーブのセオリーを考えながらゆっくり登る練習をするといいのです。なぜなら、そのルートがゆっくり登れるということは、セオリーに合った登り方、動き方、正しいムーブをしているから。
あとは、そのムーブを正確にやることによって、より難度の高いルートが登れるようになっていきます。

Jack's Column

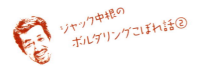
ジャック中根の
ボルダリングこぼれ話②

女性や子供にもできるの？

　ボルダリングは体格のいい男性より、むしろ女性に向いているスポーツだといえます。もちろん、パワーや瞬発系は男性のほうが得意としますが、小さなホールドに耐えたり、バランスが必要となるムーブとなると、女性のほうが力を発揮することも。カップルで一緒にボルダリングを始めると、女性のほうが上達する例は、とても多くあります。

　もちろん子供だって、十分に楽しめます。しかし、体への負担が大きいスポーツでもありますし、本当のおもしろさを理解するのは、小学校3、4年にならないと無理かもしれません。ジムのレッスンや、クライミングインストラクターのプログラムに参加するなど、正しい理解のある指導者について始めるのがいいでしょう。

　そうでなければ、とりあえずは遊びの一環としてケガのない範囲で楽しみ、将来に備えるのがいいかもしれません。またジムによっては、子供の使用に保護者同伴などの条件があったり、入会を受け付けていないところもあります。初めてのジムに行くときは、事前に確認しておくといいですね。

3 時限目

ムーブの バリエーションを 増やす

基礎ムーブができるようになったら、
さまざまなムーブを習得しましょう。
技が増えれば、今までまったく登れなかった課題も
突然、登れるようになるかもしれません。

インサイドフラッギング

「足を踏み替えることなく、次の一手を出す。より遠くのホールドに手が届くかもしれないぞ」

2時限目で紹介した「正対ムーブ」と「ねじり系ムーブ」では「右手を出すときは右足に乗る」「左手を出すときは左足に乗る」と説明しました。しかし、いつも都合よくそこにフットホールドがあるとは限りません。

フットホールドがないときに、「フラッギング」が役立ちます。軸足の内側に足を通して、載せ替えを省略するムーブがフラッギング。フットホールドが小さい場合や、バランスが悪いとき、または、足数を増やすとスリップしやすくなるときなどに、とても有効です。

特に保持するホールドがサイドプルやアンダーで、次に遠いホールドを取りにいくときは、インサイドだと最も距離を出せるので、ぜひトライしてみてください。

インサイドフラッギングは、うまく決まるととても安定し、レストできるほど。ホールドを探すときにも使えるくらいバランスをキープできます。

ちなみに、フットホールドに乗っていない足を振り出す姿が旗（フラッグ）を振るように見えることから、この名前がつきました。フランスでも、このムーブはフランス語で旗を意味する「ドラポー」と呼ばれています。また、フレンチカンカンというラインダンスと同じ足の動きであることから、「カンカン」と呼ぶことも。

日本ではこのムーブを「足を切る」ともいいます。

3時限目

インサイドフラッギングの例 > 1

通常は、次に左手を動かすことを考えて、右足を乗せているホールドに左足を乗せるが

インサイドフラッギングの例 > 2

遠い左手のアンダー（次の紫色のホールド）をつかんでからがインサイドフラッギングの出番。最上部の緑ホールドを取るときに使う

やってみよう！ memo

自分のリーチ（手が届く範囲）を知っておこう

まずは軽く前傾した壁（100〜110度）で、右手は胸くらいの高さで斜め横向きのガバホールドを探します。フットホールドは、ひざくらいの高さでしっかり乗ることができるものに足を乗せます。その状態で左手がどこまで届くかを、いろいろなムーブで試してみましょう。たいていはインサイドフラッギングが最も遠くまで届くはずです。壁の目地などを目印にして、自分の手が届く範囲の距離感を身につけましょう。

垂直な壁や、さらに前傾した壁でもできるので、傾斜を変えてやってみてください。

インサイドから左足を通し、右足の太ももに左足を絡めるようにしてバランスをとる

安定したところで、左手をスタートから青のスローパーへすみやかに移動

フラッギングを解除すると、すぐに通常の安定したバランス（左手・右足）をとることができる

ピンクのホールドに乗せた左足を踏み替えて右足にするのが定石ではあるが、フラッギングを使うと時間が短縮でき、省エネにもなる

左手のアンダーが効く位置まで腰を上げ、右足を左足の内側に通すことでバランスをとる。右足のアウトサイドを壁に軽く当てるとさらに安定する

フラッギングしたらすみやかに右手を移動。通常のバランスとは逆の足が乗っているが、安定しているのがわかる

3時限目

039

インサイドフラッギングスタート

「足の乗せ替えを除くことでスムーズにスタート」

スタートで右手を次のホールドに動かし、次が左手となる場合、1手目の右手が持ちにくくて足の乗せ替えやフラッギングが上手にできないときに使うといいのが「インサイドフラッギングスタート」です。

これは、初手が右手なのに、あえて左足をフットホールドに乗せ、右足を左足の内側から壁に沿わせるように抜いて出し、フレンチカンカンの踊り子のように足の甲を壁に押し付けてスタートするというもの。そうすれば、右手で次のホールドを取ったあと、すでに左足はフットホールドに乗っているので、右足を通常の位置に再び抜けば、そのまま左手が移動できるのです。

これはあくまでもインサイドフラッギングの1パターンにすぎませんが、練習のために、ぜひこのスタートで試してみましょう。

通常のStart

1手目は右手を動かすので、右足を上げておくのは正しいバランスだ

右手・右足でバランスがとれた典型的なフリムーブで1手目を狙う

インサイドフラッギング Start

2手目を取るときになるべく無駄をなくしたいときは、インサイドフラッギングを応用してスタートしよう

左のひざに右脚を絡めて、うまく"逆脚"のバランスをとろう。右足の小指側の面を壁に押し当てると安定する場合も

2手目を取るには左足をフットホールドに乗せ替えなければならない

1手目のホールドが持ちにくい場合、この乗せ替えで落ちてしまうこともある

> やってみよう！　memo
>
> ### オブザベーションをしてみる
>
> インサイドフラッギングスタートをするためには、最初の2手目までのフットホールドと、そこに左右どちらの足を乗せるかを読んでおく必要があります。このように登りだす前にイメージでムーブを考えることをオブザベーションといいます。行き当たりばったりで登って、課題の途中で行き詰まらないようにするために、オブザベーションは重要です。
> インサイドフラッギングスタートはルートを読む練習の第一段階でもあるのです。

1手目をキャッチしたら、素早く右脚を外して正体になる。これで足の乗せ替えを省き、左手・左足になれる

インサイドフラッギングを解除するときに壁から離した腰を、一気に壁に近づけて左手をキャッチする

アウトサイドフラッギング

「フットホールドがないときも、これができれば簡単に解決。パワーの消耗には注意して」

インサイドフラッギングと同様に「左手を動かしたいけれど、左足のフットホールドがない」、あるいは、その逆のときに使えるムーブ。特に前傾壁のトラバース（横移動）では使いやすい動きです。

左足のフットホールドがないときは、左足を右足のほうへ振り出す（足を切る）と、体が回転せずに安定して右手を動かすことができます。つまり、フットホールドに乗せる代わりに、左足を空間に振り出してバランスをとるのです。こう書くと難しいようですが、写真を参考に、実際に試してください。意外と簡単に感じるはず。

ただし、この技はパワーを使うので、本当に必要なときだけ繰り出すようにしましょう。

通常の登り方

両手で保持（マッチ）するホールド（写真では紫色のホールド）を右手で持ったとき、そのまま左手を同じホールドに寄せると体が回転して落ちてしまう

右手で取ったホールドに左手を添えたいとき、左足でバランスをとるのが定石

この写真の課題では右足を乗せているホールドに左足を乗せるのは難しい

アウトサイドフラッギング

左足をフラッギングすると振られずに左手をスムーズにマッチできる

右手で持っているホールドを左手に持ち替えて、次のホールド（黄緑）を右手で取りたい場面

左足を乗せ替えるには、右足が乗っているホールドの位置は高すぎる。ここでは右足に体重を預けるべく左足を右に振る

このとき重要なのが左足の位置だが、この写真の位置ではバランスがとれない

バランスがとれずにフォール。こういう場面でアウトサイドフラッギングが有効

> **やってみよう！** memo
>
> ### 片足で登ってみる
>
> フラッギングの最も即効性の高い練習法が片足クライミングです。例えば右足だけで登る場合、右手を動かすときはいつもどおりでいいですが、左手を動かすときはフラッギングを多用しないと登れないでしょう。
> 　最初は足自由のやさしめのルートでかまいません。左右それぞれ片足で登る練習をしましょう。この練習法はP052で紹介している「サイファー」というランジの練習にもつながるので一石二鳥です。

左足を思いきり右に振ることで重心が右手の下に移動し、バランスがとれる。右ひざは外に開き、なるべく腰を壁に近づける

右手でしっかりロックして重心を維持し、素早く左手を動かす。このときはパワーを使うので、このムーブは繰り出すときを選ぶ

キョン

「パワーがなくても、このムーブで解決。特にクライミングジムでは使えるムーブだ」

ホールドを取りにいくほうの足を、内側にひねり込んで突っ張ることで、体をロックさせるムーブです。体をロックできるので、パワーがなくても手を出しやすく、腕の力も節約できます。

特に、クライミングジムはホールドが出っ張っているため、使いやすい技といえるでしょう。反対に、自然の岩場では使えるシーンが限られます。

また、ひざを壊す原因にもなるので、あまり頼りすぎることなく、必要なときだけ使うようにしましょう。

次につかむべきホールドを確認する

やってみよう！

memo
キョンで体をロックさせる

最初から上手にキョンを決めることは簡単ではありません。まず、課題にこだわらずにキョンが決まる場所を探してみましょう。できれば、110～120度くらいの前傾壁で、キョンをすると止まっていられる場所を探します。ホールドは大きくても構いません。キョンが決まって、体がロックする感覚をまずは覚えることが大切です。

浅いキョン

「より実践的なフリ技。外岩でも利用価値大。ツイストとも呼ぶぞ」

これを独立したひとつのムーブとして呼び名をつけている人は少ないようです。ただ、より実践的なフリ技のひとつで、上手なクライマーは自然にこのムーブを使っているはずです。

正対のポジションから、手を出すときに足と体幹を軽くひねる（振る）のがポイント。これもやはり、腕だけでなく、足や背中などのパワーを有効に使う方法で、楽に登ることができます。

タイミングのコンビネーションが大切なので、まずはゆっくりした動きからコツを習得してください。

三点支持のバランスを意識

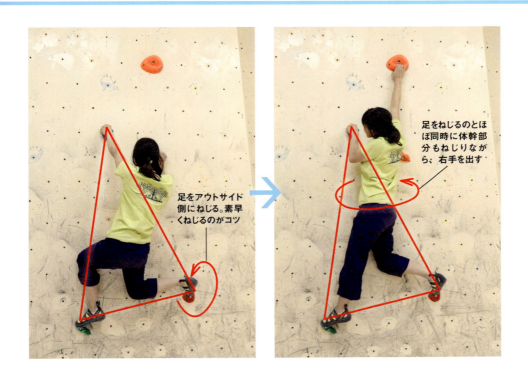

ヒールフック①　「片手を離したときに、体が回転するのを防ぐためのヒールフック」

左右の向かい合ったサイドプルホールドを前傾した壁で保持している場合、どちらか一方の手を離すと、体が回転して落ちてしまうことがあります。これを防ぐためにヒールフックが有効です。足に手の代わりをさせて、体が開くように回るのを防ごうというわけ。手の代わりですから、少し高めの位置で、保持している手と左右の挟み込みが生まれるように、お互い引き合う関係（お迎え）をつくることが必要です。

足、ひざはなるべく壁面に近いほうがよく、横からヒールを掛けるイメージ。また、ひざはなるべく曲げたほうが、保持している手と引き合う力が強くなります。

カンテでは、だいたいフックを使うことになる。オブザベーション（登る前の下見）から想定しておき、スムーズにムーブを起こせるように

ヒールフック②　「体重を足で支え、体を引き上げるためのヒールフック」

ルーフの出口や前傾の強い壁では、ヒールフックによって体重の半分を支えるだけでもムーブは楽になります。足や尻といった下半身の重さをヒールに持ってもらうことが重要です。ヒールフックを掛けたら、かかとをホールドに強く押し当てて十分な圧力をかけ、かかとのゴムのフリクションを引き出さないと、ムーブはうまくいきません。

初級者の多くは、かかとが引っかかった状態から、引いたり、ねじったりしています。これでは靴の中でかかとがズレてしまうし、掛けたヒールも滑ってしまいます。うまくヒールが掛かったら、これで体を引き付けて、次のホールドを取るために重心を上げなければなりません。太もも内側やひざの裏、ふくらはぎなどの筋肉を動員して、ヒールしている足（かかと）を、できるだけ尻へ引き寄せるようにします。ひざはなるべく曲げ、足首は90度くらいをキープ。引き付けるに従って、つま先が下がるイメージで。

置く位置をよく確認して足を上げる。このとき、ホールドの小さな凹凸を見逃さず、そこにかかとを合わせる

ひざが伸びている。これではその場にとどまっているだけで、ヒールフックを生かせていない

ホールドの形状をなるべく早く判断し、シューズのヒールがフィットしやすい角度で掛ける。これで体が安定し、次の手を出す準備ができる

左足で体を引き付け、腰が壁に近づいたところで素早く左手を出す。足が手のような役割を果たし、安定したムーブが繰り出せる

3時限目

かかとが掛かったら足で体を引き付け、体を上げることで次のホールドへ

よく決まったヒールはとことん利用しよう。次の一手を出すにはフラッギングも有効！

やってみよう！

ヒールフックの掛け方のコツ

かかとをホールドに強く押し付け、体を引き付けるようにする

memo

ひざが伸びていては体重を分散できるだけ。足首を直角にして引き付けること

047

トウフック 「シューズの底（ソール）ではない側をホールドに引っかける独特のムーブだ」

トウフックはその名のとおり、足のトウ（つま先の上側）をホールドに引っかけることで、ムーブそのものの名称ではありませんが、トウフックが必要となるムーブ全体の総称としてトウフックムーブといいます。

つま先の部分を掛ける「トウフック」と、足の甲の広い面積を掛ける「甲フック」は、厳密には違うものです。ふたつをコンビネーションで使うこともありますが、分けて解説したほうが理解しやすく、技も覚えやすいでしょう。

トウフックは体の振れを止めるのに特に有効です。カンテやハリボテの回り込んだ向こう側のホールドや、遠くてヒールフックが届かないようなホールドには、どうしてもトウフックを掛けることになります。重要なポイントとしては、靴の中で足の指を上げるようにして、迎え角をつけることです。足指の付け根から反り返るように上げます。トウを掛ける位置は、足の親指と人さし指の股の部分。ビーチサンダルの鼻緒を挟むところが中心にくるようにすると、掛かりをコントロールしやすくなります。

ダウントウしたシューズや極端に小さいサイズのシューズではつま先を反らせられないので、うまくトウフックができません。

左手で持っているカンテのホールドにトウフックする。ホールドの形状を確認しながら登ろう

甲フック 「ルーフ壁のつらら状ホールドを保持するのに有効」

大きなスローパーホールドやハリボテ、カンテ向こうの壁面にフックをかけたいときに、大きく足の甲の部分まで掛けたほうが効く場合があります。ただし、甲まで掛けるとトウフックよりも解除するのが難しくなり、振られも大きくなるので注意。

しかし、水平に近いオーバーハング（ルーフ壁）で、つらら状のホールドを左右の足で挟み込んだり、ルーフの出口に足を先に送ってリップに引き寄せたりするムーブにとても有効です。

また、手が滑ってしまうスローパーホールドを押さえ込みたいときやマッチしたいときなどには、どちらかの足をフックして、手と甲で挟み込みを作ると保持しやすくなります。

トウフック、甲フックは、ひざを伸ばした状態で掛ける人が多いですが、フックを掛けるホールドの位置が近い場合は、ひざを曲げて腹筋を使い、太ももを引き寄せるように強く引くことでうまく決まる場合もあるので、試してみましょう。

オーバーハングした壁で、下向きのホールドを足で挟み込むときには、甲の部分を使ったフックがよく効く

  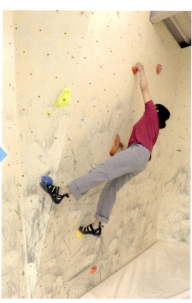

左手で上（黄色）のホールドを持ったら、右足を黄色いフットホールドに乗せる

カンテのホールドにトウフックする。つま先を引き寄せるように力を入れると安定する

トウフックした左足で体を支えると、左手を離すことができ、次のホールドに手が伸ばせる

やってみよう！

向こうずねの筋肉を使う

　トウフックはつま先を上げ、引き寄せるようにして掛けないと効きません。それには向こうずねの前にある筋肉を使うのですが、これは、普段あまり使わないので、上手に使えない人がいます。

　60〜70ℓのザックや、高さ1mくらいの段ボール箱の下に足の甲を突っ込んで、足で持ち上げてみてください。両手は側面を支えるだけにします。つま先を十分に引き上げないと、荷物は落ちてしまうでしょう。

　重い物を上げるときの筋肉の使い方が、トウフックの力の入れ方だとわかってくるはずです。

つま先を自分のほうへ引くようにして掛ける

ただホールドにあてがうだけでは効かない

デッドポイント 「一瞬の無荷重状態を利用して次の一手をビシッと止める」

物体を上に向かって放り投げたとき、いちばん上で一瞬止まったようになります。この無荷重の状態と同じく、体を引き付け、重力と均衡がとれた一瞬を利用して素早く手を動かすことを、デッドポイントと呼んでいます。かつては上級者のテクニックでしたが、今やジムのボルダリングにはなくてはならないものになりました。

デッドポイントとランジの違いは、ランジが足で強く踏み切って上にジャンプするのに対し、デッドポイントはジャンプするのではなく、流れるように一瞬の無荷重時に手を動かすということ。なるべくなら、両方の足をフットホールドに残したままやることが望ましく、少なくともどちらか一方の足はフットホールドにとどめるべきです。

デッドポイントが苦手な人（特に女性）の多くは、両手で引き付けて頂点に達し、重心が落ち始めてから手を離す場合がほとんど。頂点に達する直前に手を離し、素早く次のホールドへ移動させることが重要です。

両足を残し、体が伸びるデッドポイント

体のたわみを利用して動くデッドポイントでは、足を少々高めに上げておくこと

やってみよう！ memo

片手で登ってみる

デッドポイントの練習にいいのは、なんといっても片手クライミングです。垂壁や100度くらいの薄かぶりの壁のガバルートでかまいません。あくまでもタイミングをつかむための練習なので、やさしめのルートでOK。片方の手は腰の背中側に回して、右手だけ、あるいは左手だけで登ってみましょう。指をケガしないよう、テーピングをしておくことをおすすめします。

足を高く上げ、片足でするデッドポイント

あらかじめ左足を高く上げ、大きくタメをつくる

腕を伸ばし、ひざを深く曲げてしゃがみ込むような体勢になってタメをつくる

デッドポイントは、体を壁に引き付け、寄せた腰が再び引き離される前に手を動かさなければならない。「腰を入れる」感じを覚えよう

横から見ると…

最初の引き付けによって体が壁に向かっているときに手を動かすのがコツ

3時限目

右足でフットホールドを蹴り、重心を左足に乗せる

上に進む力と後ろに引かれる力が拮抗する直前に次のホールドをキャッチ！

ランジ

「ボルダリングの代表的ムーブ。スイングと飛び立つタイミングを覚えよう！」

ランジは、飛び付かなければ届かないホールドに正しく飛び付く技です。デッドポイントと違って、足でしっかりフットホールドを蹴る必要があり、まずは、ひざが十分に曲がる高さのフットホールドに上げることが重要です。また、すべての「飛ぶ」という動作に共通するように、反動をつけたほうが、より遠くへ飛べます。

基本はやはり「イチ、ニの、サンッ!!」で飛ぶイメージ。立ち幅跳びを考えれば、反動なしで飛ぶのが難しいことはすぐ理解できますね。保持するホールドがあまりよくなくて十分な反動が得られないときでも、体をユラユラさせてタイミングをはかるなどしましょう。飛んだあとにホールドをつかみ止めるためには、ほんの少しでいいので、ひじが曲がるくらいの高さまで余計に飛ぶと、止まる確率がグンとアップします。

フットホールドが片足しかない場合は、乗せないほうの足をしっかり振り上げて勢いをつけるとうまくいきます。

やってみよう！ memo

地ジャンで接触筋力を強化

ランジは遠くのホールドにジャンプして届いただけではダメで、そのホールドをしっかりつかんで、止めないとなりません。飛び付いたホールドをパッと握って止める筋力のことを接触筋力（コンタクトレングス）といいます。ランジが苦手な人は、まずこの筋力を強化しましょう。

そのトレーニングにいいのは「地ジャン」。マットの上からは届かないホールドに飛び付いてスタートするのです。片手を顔より下のホールドに置いてジャンプしたり、両手で飛び付いて止めたりと、条件を変えながら練習するうちに、コツが身に付いていきます。

3時限目

ランジの例 > 1

いったん重心を下げ、しっかりタメをつくる。何度も体を上下させないほうがいい

ランジの例 > 2 サイファー

足の重さを反動に利用して飛び付く「サイファー」は、最も現代的なムーブだ

ためた力を一気に放出するように、体を引き付ける。この最初のスピードが重要

壁と平行になったところで、強くフットホールドを蹴って飛び上がる

最後は集中力を全開にして、狙ったホールドをしっかりつかんで止める

右足を大きく振って、タメをつくる。このスイングが大きければ大きいほど距離が出る

右足が狙うホールドの方向に上がっていく遠心力を利用してジャンプ

足のスイングと飛ぶタイミングをうまく合わせられるかが成否を分ける

3時限目

053

マントリング 「這い上がりムーブは外岩では必須。人工壁でもなるべく練習しておきたい」

マントリング（以下マントル）はアウトドアでボルダーを登れば、必ずついてくる最終ムーブ。
特に女性や、ボルダリングを始めてからの期間が短い人は、せっかく核心部ができたのに、マントルで行き詰まってしまうことも多いはず。それなのにマントルの詳しいやり方や、その技法を書いた入門書はほとんどありません。ボルダリングジムでは、スラブと並んで練習がしにくいムーブでもありますが、ここでは、ハリボテなどを利用して、ジムでもできるマントルの練習法を紹介しましょう。

基本のマントリング

足はリップの上（スラブ面）まで上げておく

●腹ばいにならない

リップから上のスラブに腹ばいになって張り付くと、後ろにズルズル落ちていってしまいます。手首が入ってマントルの姿勢になったら、胸を反らせるように張って、壁と体を離すのが重要です。

ヒールフックからのマントリング

●マントルの基本はガニ股

マントルを成功させるには、ひざを立て、ガニ股で足を乗せていくことが大切です。ヒールした足を内股にねじって這い上がろうとすると、最悪の恐怖、走り高跳びのベリーロールの体勢になってしまいます。そして、ひざ、内ももをホールドにつけてしまうのは、さらにひどいことといえます。下の写真のように靴のサイドを押し当てて、靴底が丸見えの状態になると、あとはズリ落ちていくのみ。マントルの苦手な人の多くがこの〝内ねじり足、エッジング側面乗せ〞になってしまっています。なんとしても靴底を岩に当て、ガニ股に戻さないといけません。

つま先をリップに上げられないときはヒール

054

体を一気に引き付け、右足に立ち込む

手首を返し、ハンドホールドを下に押す

肘を伸ばして、つっかえ棒のようにする

かかとがズレないよう注意して腕を引き付ける

体が上がるのと同時にかかとを回す

最後は、つま先にズラして立ち上がる

やってみよう！

みなさんに伝えたいのは、マントルとは小さなデッドポイントムーブであるということ。マントルで最も重要なムーブは手を返すというものですが、このとき、ちょっと勢いよく引き付けて一瞬の無荷重状態を作り出し、一気に手を返してマントル状態にもっていかなければなりません。

memo

どんなに難しく、微妙なマントルでも、手のひらを返すときや足をリップに掛けるときは、ある程度、思いきりよくいくのがコツです。

Jack's Column

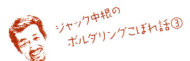
ジャック中根の
ボルダリングこぼれ話③

ジムの上手な利用法＆
ちょっとしたマナー

　ほとんどのジムが、1回目は簡単なレクチャーを無料でしてくれることでしょう。しかし2回目、3回目以降は、受付を済ませたならば、あとは自由に登ってくださいというところがほとんど。だから初心者のうちは、ジムのスタッフを、もっと有効に活用しましょう。登り方がわからなかったら遠慮せずに聞いてみるのもいいことです。

　かといって、すべての動きを聞いたり、何度も見本登りをさせたりしては、さすがに迷惑ですし、自分の上達のためになりません。「あの赤のホールドがどうしても取れません。どうすれば？」とか、「この次のムーブで体が回って落ちてしまうので、どうやれば？」といった具合にポイントを絞って聞くのがいいでしょう。スタッフが近くにいなければ、近くにいる上手な人に聞いてみるのも悪くないですよ。意外と喜んで教えてくれるものです。

　ここでひとつ注意を。逆に、教えてくれと頼まれたり、聞かれたりしていないのに、ムーブや登り方をとやかく言うのはタブーです。自分で問題を解決するのを楽しんでいる人も多いし、ムーブを見つけ出すトレーニングをしている人もいるからです。また、ジムでも自然の岩でも、同じ場所で登っている人は同じ仲間であり、危険も共有します。あいさつくらいは交わして、「次、登ります」とか「そちらに向かう課題をやります」といったコミュニケーションは、ぜひとりましょう。

4
時限目

ストレッチで柔軟性を高める

筋肉や関節に大きな負担がかかるボルダリングでは、
ケガの予防のためストレッチが大切です。
また、登る能力の向上にも柔軟性は欠かせません。
ここでは、ストレッチの基本動作をマスターしましょう。

正しいストレッチのすすめ

始めたばかりの人には、手の負荷ばかり強く感じられるかもしれませんが、ボルダリングは体全体を使うスポーツです。特に体幹（胴体）を中心として、手足の動きが協調できるようになると、レベルは飛躍的に上昇します。そのためにも正しいストレッチを学びましょう。

まず最も基本的なことですが、柔軟性には人によって差があります。自分に無理のない範囲で、気持ちいいくらいのところで止めておくのが重要です。

ボルダリング前のウォームアップストレッチには、筋温をアップさせ、関節の可動域を広げる目的があります。それによってパフォーマンスは向上し、ケガの防止にも役立つのです。その方法ですが、まずはウォーキングなどで体を温めましょう。駅からジムまで歩く人はそれを利用しない手はないですね。

次に、静的なスタティックストレッチ、動的なダイナミックストレッチを行なうのがいいでしょう。筋温を上げるためには、けっこう時間が必要ですね。

また、終わったあとのクールダウンは、筋肉の緊張をほぐし、体の疲労回復を目的とします。まずは軽い動きで体を温めます。よく、クールダウンと称して最後に簡単な課題を登ったりしますが、疲れきってワークアウトしないように要注意。そして、静的なストレッチで疲労した部位を伸ばしましょう。

ストレッチの基本ルール
☑ 気持ちいいと感じる程度で止める
☑ 体を温めてから行なう
☑ クールダウンには静的ストレッチを

静的ストレッチ

部位別の静的ストレッチの代表的なものを紹介しよう。静的ストレッチでは、ゆっくりと痛みのない範囲で動かし、10～20秒ほど静止する。呼吸もゆっくりと続け、静止している間は息を吐き続けると、より効果的だ。

4時限目

首

ボルダリングでは首の後ろから肩にかけての筋肉が意外とよく使われる。長時間、上を見続けるのは首にとってつらいもの。しっかり伸ばそう。

片手をあご、もう一方を頭に当て、顔が斜め上を向くようにそれぞれの手で押す。痛みのない範囲でゆっくり動かし静止。このとき、上半身をひねらないように

肩

肩関節は可動域が広い。痛めやすい部位でもあるので、いろいろな方向で。

伸ばすほうの腕を体の前に上げ、もう一方の腕で胸に押し付けるようにして三角筋*1を伸ばす。このとき、胸を張り、ひじを曲げないように注意

腕を上げ、頭の後ろでひじを曲げる。もう一方の手でそのひじをゆっくり下げる。背中を丸めないように。三角筋の後ろと三頭筋*2、肩甲骨まわりの筋肉のストレッチ

*1 三角筋＝肩の関節を覆う三角形の大きな筋肉
*2 三頭筋＝上腕三頭筋。腕のなかで最も大きな筋肉

腰

腰痛予防のためにも、とても大事なのが腰のストレッチ。力を入れやすいので、ストレッチでかえって痛めてしまったりしないよう注意が必要だ。

あおむけになり、下半身をひねる。両ひざをつけたままでもいいが、写真のように上の脚を組むようにし、片手で腰を引き上げぎみにすると、骨盤にひねりが入る。顔は正面を向けることで、背中が浮かないよう固定できる

一方の脚を伸ばした上にもう一方の脚を組む。そのひざに反対の腕を当て、顔を後ろに向けるように腰を回旋させる。臀部の筋肉から脊椎の起立筋群（背骨から骨盤にかけての筋肉）までの伸びを意識する

背中

前腕同様、登る動作で直接的に負荷のかかる部位。通称「でんぐり返し」のポーズ。

後ろにでんぐり返しする感じで、あおむけから、脚を頭の上まで上げていく。ひざは曲げてもいい。背中が気持ちよく伸びていくことがわかるはず。呼吸を忘れずに

腹筋群

体幹の基本は腹筋。腹筋の張りは腰痛にも関係する。しっかり伸ばそう。

ひじをついて、うつぶせの状態から徐々にひじを伸ばしていく。痛みがないことを確認しながら、ゆっくり行なうといい。腰が浮かないよう注意すること

両腕を開き、あおむけになる。片脚を高く上げ、反対の脚のほうへゆっくり倒していく。顔は反対に向け、肩が浮かないように気をつけよう

片脚を開き、その開いた脚に向かって体を倒していく。気持ちよく脇腹が伸びたところで静止。背中を丸めないように

4時限目

股関節

肩に続いて可動域の広い関節。こちらもいろいろな方向がある。可動域が広ければ、ボルダリングにおいて大きな武器になる。

脚を前後に開くようにし、前方のひざを外側に曲げる。前方では主に臀部の筋肉、後方では股関節の内側と前部の筋群がストレッチされる。背中が丸まらないように

いわゆる開脚。腰を前に倒すようにすると、骨盤も前傾するように動かすことができる。これだけ脚が開いたらすごい！

ハムストリングス[*4]

ここが張ってくると、脚だけでなく腰の故障の原因にもなる。

片方の脚を伸ばし、もう片方は内側に折る。伸ばしたほうの脚に腰をまっすぐ乗せるよう意識し、上半身を前に倒す。背中を丸めないように。きつい人は両脚を伸ばしたままでもいい

前腕

ボルダリングで特に使う部分なので、しっかり伸ばそう。床を使えば二頭筋[*3]まで伸びてくる。

指を自分のほうに向け、両手をついて座る。このとき指、ひじは伸ばしたままで。前のめりの状態から、腰を徐々に後ろへ引くようにしながら、前腕の屈筋群を伸ばす

足首

ボルダリングの着地でよく痛める。意外に柔軟性の必要なところだ。特に捻挫などの経験のある人は固くなっていることが多く、さらなるケガに続くので、柔軟性を確保しよう。スメアリングには特に重要。

片ひざ立ちになり、ゆっくりと前方に重心を移動していく。息をしっかり吐きながら、足首が曲がっていくことを意識しよう

*3 二頭筋＝前腕二頭筋。力こぶそのもの
*4 ハムストリングス＝足の後ろ側の筋肉の総称

4時限目

動的ストレッチ

ゆっくりした動きのなかで各部位を伸ばす動的ストレッチ。登る前に、ぜひやっておきたいものだ。

胸椎・肩甲骨

胸椎の曲げと反り、肩甲骨の開閉のエクササイズ。胸椎の動きは姿勢の維持のために、肩甲骨の動きはホールドを引き付ける動きにおいて重要な役割を果たす。

1 背中を丸め、手の甲を合わせるようにひじをつける。肩甲骨は外に開き、胸椎が曲がる

2 胸を張り、手のひらを外に向けるようにひじを横に開く。肩甲骨は内側に寄り、胸椎が反る

3 そのままの姿勢で、手の甲がつくように腕をまっすぐ上げる

※1〜3の動作を、それぞれ1、2秒かけながら5〜10回程度繰り返す

胸椎・腰椎・肩甲骨・骨盤

1 背中を丸め、腕を突っ張る。へそを見るようにするといい。肩甲骨が開き前方に突出する

2 背中を反らせる。視線は前方へ。肩甲骨は内側に寄り、後ろへ傾く

※1〜2の動作の間にゆっくり脱力すること。骨盤が動いているのがよくわかるだろう

腰椎・骨盤・股関節

背中全体を丸める。へそを見るようにするといい。このとき、骨盤は後傾する

背中全体を反らせる。このとき、骨盤は前傾する

上半身を右に曲げる。頭の位置はそのままで。脇腹を収縮させるように

上半身を左に曲げる。同様に頭の位置はそのままで。バランスボールの上で行なうと、さらに効果的

※1→3→2→4などの順番で行なってもOK！

Jack's Column

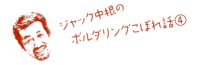
ジャック中根の
ボルダリングこぼれ話④

ジムは大人の社交場

　ジムに来ている人たちは、仲よくなりやすいです。なにしろ、ちょっと難しい課題にチャレンジし、最初は上手にできなくても、がんばって努力し、その課題が登れたときの喜びが理解できる人が集まっているのだから、共通意識みたいなものがあります。

　ボルダリングのおもしろさがわかるということは、知的興味度が高い人だといえます。ゆえに、心の通じ合う友人やパートナーが見つかる率も高い。ジムで恋人を見つけて、結婚する人もよく見かけます。難しいことを解決することに興味のある人が好きなスポーツですから、高学歴の人や医師、弁護士なども多くいるので、女性はチャンスいっぱいかもしれませんよ。もちろん、同性の友人や生涯の友がジムでできる人も多いでしょう。

　最後に、特に男性にいえることですが、女性よりも登れないと恥ずかしいという思いから、つまらない嫉妬心が起きたりします。でも実は、下手でもがんばっている人がモテるのです。気にせずトライするほうが得策ですよ。

5時限目

ボディケアを行なう

上達を急いで登り込んでも、疲労がたまっていたり、
ケガをしたりではトレーニングの効果は期待できません。
体をリフレッシュして、快適で爽快なボルダリングライフを目指しましょう。
ここでは、テーピング、アイシング、
上半身の疲労回復法、サプリメントのとり方を紹介します。

テーピングの効果と巻き方

クライミングジムに行くと、指や手首をテーピングしている人がたくさんいますね。みなさんのなかには「テーピングをしたほうがよさそうなのだが、やり方がわからない」という人も、「正しいテーピングはわからないが、とにかく巻いておけばいいような気がして、やっている」という人もいることでしょう。

その理論や人体工学的なことをある程度理解したうえでテーピングを行なえば、ケガをしにくくなり、トレーニング効果もありますから、よく読んで実践してください。

なぜテーピングをするのか

1. 手、指の皮膚の保護のため
2. 腱や靭帯、腱鞘の保護のため
3. ケガ後のリハビリテーション期の固定
4. 手、指の動きを制限してのトレーニング
5. ホールドを保持しやすくする補助として

手、指の皮膚の保護のためのテーピング

指の腹側の皮膚の保護のためにするテーピングは指のテーピングの基本ですので、初・中級者は特に、ジムなどでトレーニングするときに使ったほうがいいでしょう。また、指導者的な立場の人は、初心者にはなるべく、このテーピングをして練習するようすすめましょう。

それはなぜかというと、初心者は手の皮膚が弱い人が多く、前傾した壁の多いジムではガバホールドが続かないと登れないからです。ガバホールドばかりを持って、右や左にひねるムーブの練習をしないわけにはいきません。すると、指の腹の部分、それもホールドの頂点にかかる中間部分の皮がねじれてしまい、水ぶくれになったりペロンと剥がれたりします（写真1）。

ですから、指の腹、関節と関節の間に幅19mm程度のテーピングテープを少しきつめに巻き付けておくといいのです（写真2、2'）。できれば、手のひらに近いほうにも巻いておくといいでしょう。実はこのテーピング、次に挙げる腱鞘炎の保護にもなるのです。

腱や靭帯、腱鞘の保護のためのテーピング

多くのクライマーが望んでいるテーピングが、この腱の保護のためのテーピングです。そこで、このクライマー全員が望んでやまない、指を曲げてホールドを保持するための筋肉の動きについて、まず理解しましょう。

筋肉は、収縮することによって体を動かします。筋肉の端は腱になって骨に付いて

います。指を内側に曲げるためにある筋肉は、通常の筋肉と少し違っています。

どう違うかというと、伸びたり縮んだりする部分が指から遠く離れた前腕の中に入っているのです。そして腱の部分がとても長くできており、その腱が手首、手のひらの中、指の腹側を通って指の先のほうの骨に付いています。だから、指を曲げてホールドを保持していると、指と手のひらの間ではなく、前腕がパンプするのですね。

そして、その長く伸びた腱はサヤの中を通っているので、骨に沿って筋肉の縮みを伝えて、指を曲げているのです。このサヤのことを腱鞘といいます（図1）。

少し詳しく書くと、この腱鞘には、長くストロー状になって中に腱が通っている滑膜性の腱鞘と、その滑膜性の腱鞘を骨に止めるための線維性の腱鞘とがあります（図2）。腱そのものと線維性の腱鞘には血管と神経が通っていないため、万一損傷してもあまり痛みは感じないものらしいです。

しかし、滑膜性腱鞘には血管と神経が通っているので、これが傷つくと痛みを伴います。また、線維性の腱鞘を傷め、部分的な断裂が起きると、結局、滑膜性腱鞘も傷むため、痛みが生じるといいます。

そこで、指を曲げておく筋肉から伸びる腱が入っている腱鞘から飛び出す方向に引っぱられて損傷が起きないように、テーピングテープを巻いておくといいわけです。写真2、2'のように、テープを巻いておけばそれを予防でき、初・中級者がジムでトレーニングするときは、この"指にただぐりぐりと巻く"テーピングでも有効なのです。

また、手首にはぐるっと大きな腱鞘があり、その中に、指を曲げる側の腱も、逆に指を伸ばす側の腱も入っています。ホールドを保持して固定するときには、この手首の腱鞘も痛めてしまうことが多いもの。ゆ

えに、手首にもテープを一周巻いておくほうがいいでしょう（図3）。

しかしテーピングをすると、それぞれの関節の動きが制限されるうえ、テープは指の皮膚に比べてフリクションが悪く滑りやすいため、スローパーなホールドは持ちにくくなります。また、厚みによって小さなポケットやスロットに指が入りにくくなるというデメリットが生じることも忘れてはなりません。

ケガ後のリハビリテーション期の固定のためのテーピング

なんとなく指の関節や筋が痛いのでテーピングをしている、という人は、とても多いと思います。しかし実はコレ、けっこう危険な行為なのです。というのも、指を強く圧迫してテープを巻くと感覚が失われ、痛みを感じにくくなってしまうからです。すると、ただでさえ傷めてしまったところをさらに悪化させてしまいます。ですから指を故障したときは、どこをどのように傷めてしまったのかを知ってテーピングしたほうがいいのです。

とはいえ、医者に行ったところで、クライミングで傷めた指のことがわかってもらえるかどうかは、あやしいもの。

例えば、ピンチホールドやサイドプルホールドを持って落ちると、指の側副靭帯を傷めてしまうことが多く、指の関節を横から押すと痛い場合は、その疑いが強いのです。そんなときは、指の側面でX字状にクロスさせたテーピング（写真3）が有効、といった具合に指のテーピングひとつとってもいくつか種類があります。できれば、手の専門医の診断を受けましょう。

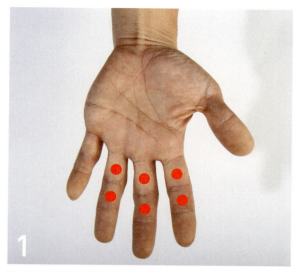
赤い点の部分が、人工壁のホールドで傷めやすい手の皮膚の部位

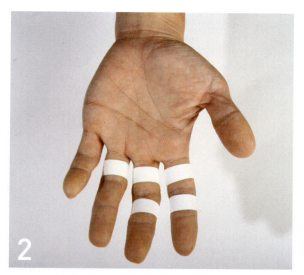
指の腹の部分にテーピングするだけで皮膚が保護される

指の曲げ伸ばしに影響のない部分に巻いておこう

指の側面でX字状にクロスさせたテーピング

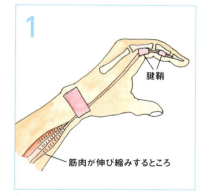
指の曲がる仕組み。深い指屈折

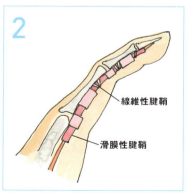
線維性腱鞘と滑膜性腱鞘

手首へのテーピングは小指側の凸状上のくびれから巻き始め、骨を押さえつけるように巻き付ける

5時限目

067

極度のカチ持ちを制限するテーピングの巻き方

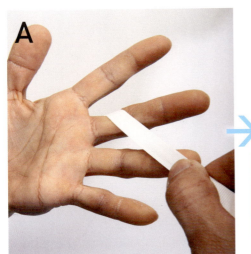

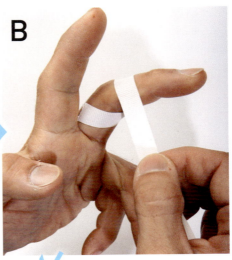

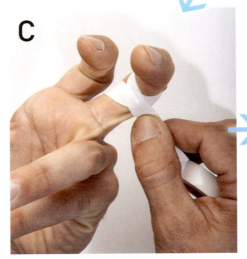

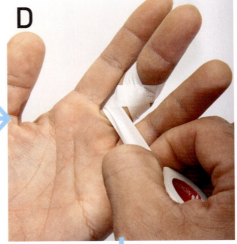

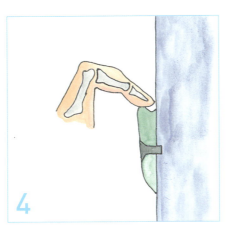

4 強いカチ持ちのときに関節が強く圧迫されて痛む様子

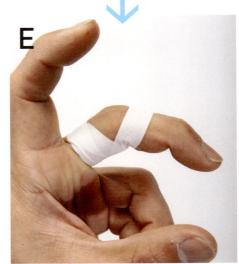

手、指の動きを制限するテーピング

ボルダリングで指が痛くなる原因ナンバーワンは、カチ持ちで関節面に過大な負荷をかけたことによる、軟骨や骨膜などの損傷でしょう（図4）。登ったあとに関節が腫れて熱をもち、ジクジクと痛いのなら、まずこれが考えられます。

予防のためのいいテーピングは残念ながらありませんが、「手、指の動きを制限したテーピング」をすることによって、極度のカチ持ちをできなくしてしまうのがいいかもしれません。指の腹側より巻き始めて、手のひらに近い側のふたつの関節間を、手のひら側でX字状にテープをクロスさせることによって、曲げた状態で固定してしまうテーピングです（写真A～E）。

これは、カチ持ちしかできない「カチラー」には、指をオープンで持つためのいいトレーニングになりますし、逆にカチが苦手で小さめのホールドに弱い人は、指が勝手に曲がっているため、力をセーブして持てるようになり便利です。ポケットホールドなども保持しやすくなるので、一種のズルのようにも思えますが、指の動きは制限されているので、その分は相殺されてしまうかもしれません。しかもこのテーピングは腱鞘の保護にもなり、一石二鳥です。

ホールドを保持しやすくする補助としてのテーピング

いま述べた、指のX交差テーピングは、指の力の補助にもなるのですが、さらに押し進めて、人さし指と中指を細めのテープで付けてしまうテーピングがあります（**写真右**）。これは指の骨間筋が弱く、人さし指が中指と離れてしまいがちな人がやると、効果があります。

このテーピングをした場合、それまでできなかったポケットホールドに二本指で楽にぶら下がれるようになったりするので、なんか反則みたいな気もしないではありませんが、ポケットホールドでの故障は明らかにしにくくなるので、ジムでトレーニングをするときに活用してみてもいいかもしれません。

最後に、テーピングテープの種類を選ぶのは、テーピングをするうえで重要です。なるべく薄く、フリクションがあり、通気性がいいものを選びましょう。さらに、ムレてズルッと剥がれにくく、かつ粘着剤が皮膚に残らないものを探してみてくださ

骨間筋の補助に効果があるテーピングだが

い。本書監修者の中根氏が長年の研究した末、最もおすすめしているテープはP社の「トレーナーズテープ」。どこで売っているかといえばもちろん、都内、目白の「カラファテ」です。しかも大手薬局チェーンよりはるかに安く売っているんです。

やってみよう！ 指のマッサージ

十分なウォーミングアップは、ケガをしないための基本中の基本。いきなり自分の限界グレードに取り付くような強い負荷はケガのもとです。まずは落ちずに登れるグレードの課題を登ったりストレッチしたりして体を温めましょう。筋肉への血流がいい状態、神経の反応がいい状態で登れるようにウォーミングアップを習慣にすることは、体をケアしていく、はじめの一歩といえます。

筋肉の血流を促す点ではマッサージも有効です。マッサージの基本的な考え方として、ウォーミングアップでは体幹から末梢に向けて血流を促すように行ない、逆にクールダウンでは、たまった疲労物質を末梢から体幹に向けて除去するようにします。一度クールダウンをしたら絶対に登らないようにすることも大切です。

さまざまな形状のホールドに対応する重要な役割を果たしているのが、手のひらの中手骨の間にある骨間筋。骨間筋は手のひら側と手の甲側にあるので、両方ともよくほぐしましょう。特に手のひら側の掌側骨間筋は指を閉じるために働き、クライミングではいつも緊張状態にあり疲労します。この筋の拘縮をほぐすことで指の痛みが消えることがよくあるので、重要な箇所。中手骨の間のコリをよく探して行ないましょう。

手のひらの中の中手骨を確認しながら、骨と骨の間にコリを見つけてよくほぐす

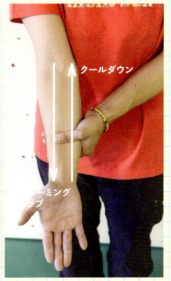

ウォーミングアップは指先に向け、クールダウンでは反対に行なおう

正しいアイシング

正しいアイシング。基本は患部は心臓より高い位置に保ち、20分程度冷やすこと

クライミングジムで、閉店間際になると、バケツに水と氷を入れて手を突っ込んでいる人々をよく見かけます。本人はアイシングだと思ってやっているようですが、目的とそのやり方を間違っている人が多いように感じます。その原理がわかっていないのにただ手を冷やしたって、地球資源の無駄遣い以外のなにものでもありません。

指が痛いだけなのに、バケツいっぱいの氷水にひじまで入れて、ものの5分で「う～、冷たかった」と手を出しているアナタッ！ ジムのオーナーからすれば「冷蔵庫の電気代返せ！」であります。ジムオーナーでなくたって、地球温暖化の進行を少しでも抑えたい昨今、氷を作るためにその何倍もの氷が地球のどこかで溶けていることを、よ～く考えてください。

アイシングにはいくつかの目的があります。ケガの応急処置、リハビリテーション、コンディショニングについては、ひとまず置いておいて、慢性障害の予防と悪化の防止というクライマーの最も求める目的について、なぜアイシングの効果があるのかを説明します。よく理解して行なわないと逆効果になりかねませんから、注意してください。

細胞組織の簡易模式図

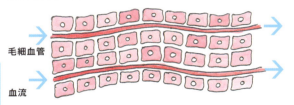

毛細血管
血流

1 通常の状態

2 損傷が起こって2、3の細胞が壊れ、毛細血管が切れた状態。アイシングはこの状態で、傷の進行を止めるために行なう

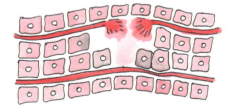

3 漏れ出した血液、体液によって周囲の細胞も酸欠を起こして死んでいく。腫れて膨張した細胞によっても毛細血管が押し曲げられ細められる

4 さらに被害が拡大し、老廃物が流れず、どんどん腫れは増し、内出血により多くの細胞が道連れとなって死んでいく

なぜ冷やすのか

登ったあとで指が痛くなったときに氷水に指を浸すと気持ちよく、そのうちしびれて感覚がなくなっていくという体の変化を、みなさん経験的に知っていると思いますが、実際に体の中ではどういうことが起きているのでしょうか。

登ることによる負荷のほとんどは指に集中しています。よって、酷使された指の筋肉や靭帯、腱や腱鞘などが傷ついてしまいます。程度に差はあるにせよ、指の中の組織は破壊され、場合によっては炎症を起こして違和感が残り、やがて慢性痛になります。そこで、アイシングが必要になってくるのです。

では、指の関節が炎症を起こすとはどういうことでしょうか。炎症とは、腫れ、発熱、痛みなどの生体反応をひとつにまとめた言い方です。傷んだ箇所を自分で治す自然治癒のための反応なのですが、この炎症を一度止めることによって、より早い回復を図るのがアイシングの目的です。

ボルダリング中、指の細胞は毛細血管から酸素と栄養を取り、老廃物を送り返して常に力を発揮しようと使われています。そ

して、靭帯や筋肉が傷つけられると、その部分の細胞が壊れ、細胞液（リンパ液）が流れ出したり、その近くの毛細血管が切れて血液やリンパ液が流れ出したりして、いわゆる内出血といわれる状態になります。さらに、傷ついた細胞組織を修復するためにアミノ酸などの栄養分がそこへすぐ集まってくることにより、腫れてきます。その緊急輸送を行なうために毛細血管は広がり、温かい血液が多く流れ込んで手や指の温度が上がり、それを安静に保つために痛みが生じます。これはすべて傷を治すための反応で、それが炎症なのです。

しかし、この状態を自然に任せておくと、組織外へ流れ出たリンパ液と血液は、その圧力によって周囲の毛細血管を押し曲げ、正常な血液の流れを妨げます。さらに、痛みを感じた手や指には「痛い、動かすな」という神経からの命令が来るため、筋肉、腱は縮まってこわばります。いわゆるパンプと似た悪循環が、傷ついた場所（たいてい指の関節）で起こるのです。その結果、傷ついた細胞の近くにある元気な細胞が酸素・栄養不足になり、老廃物もたまってしまい、次々と死滅。これを二次的低酸素障害と呼びます。

二次的障害により、傷ついた組織の周りにある元気な細胞が死滅してしまうことを防ぐのが、アイシングの効果。これによって手や指の痛みの程度を最小限に抑え、回復も早くなります。なぜならば、冷やすことによって、細胞の新陳代謝のレベルが上がり、漏れ出すリンパ液や血液の量が減るからです。しかも冷やされて代謝レベルが低くなった細胞は、より少ない酸素や栄養で生き長らえるようになります。これは、冬眠する動物が体温を下げ、代謝レベルを落とすことによって、少ない栄養で生きるのにも似ています。

さらに、冷やすことで神経の伝達が悪くなり、痛みが和らぐと同時に筋肉や腱のこわばりも取れるため、筋肉が収縮してさらに体液を押し出したり、毛細血管を押し曲げてしまったりすることも防げるのです。

目的別アイシングの方法

	手や指の腱・腱鞘の軽い損傷の回復と、損傷の蓄積による慢性痛の予防	前腕や指先の筋肉・腱の疲労からの早期回復
原 理	血液・体液の漏れ出しによる二次的障害をなるべく少なくする	腫れを早く取って毛細血管の戻りの流れをよくし、疲労物質を除去
方 法	感覚がなくなるまで20分くらい、心臓より高い位置で行ない、のちに安静に保つ	アイシングのあとストレッチなどをして、筋肉を柔らかくする
よくある間違い	指先だけが痛いのにひじまで氷水に入れて、冷たさがつらいので10分もたたずにやめてしまう（痛む指に氷を当てるだけのほうが効果的）	前腕が腫れてパンパンになり、翌日に筋肉痛になるほどなのに、アイシングのまねだけしてストレッチをしない（ストレッチだけのほうがずっと効果的）

5時限目

ジムで見かけるアイシングの悪い例。冷やしたい箇所が心臓より低いうえに、この体勢では20分ももたない。この状態で5分ほど冷やしても逆効果

痛めている指が片側なら、氷のうを用いたアイシングがやりやすい

アイシングするときのルール

ここまで理解すると、アイシングの効果的なやり方が見えてきますね。まず、痛みや炎症を感じる部位があるならば、そこを中心に冷やすこと。手首やひじが痛い腫れているなら、そこを中心にアイシングすべきですし、手先や指が痛いだけなのに、ひじまで入れても資源の無駄。しかも、広範囲を氷水に入れれば入れるほど冷たさに耐えられなくなって、早く切り上げてしまっては逆効果です。

次に、指の感覚がなくなって、こわばりが取れるまで、約20分はアイシングしたほうがいいでしょう。5分や10分では、やる意味がありません。

また、熱を奪うには0度の氷が最も効果が高いとされていますが、水道水に大きな氷を入れても、0度になるには時間がかかります。キューブアイスでアイスパックを作って、痛む部位に直接当てたほうが効果的です（使い終わって、まだ氷が残っている0度の氷水は、どんどん使い回しましょう。だってもったいないでしょう？）。

また、血液や体液の流れをわざと悪くして漏れを止めたいわけですから、心臓より高い位置でアイシングしたほうが効果的です。バケツを床に置いてはいけません。どうしても台がないなら、心臓の位置を低くするため寝転びましょう。アイシングが終わっても、患部はできるだけ心臓より高い位置に保ちたいですし、また、手首やひじが痛むときや、特に痛い指があるときは、アイシング後に圧迫すると、さらに効果が上がります。伸縮性のバンテージを用いて、強すぎず緩すぎず圧迫するのがいいでしょう。

> **アイシングの基本ルール**
> 1. 痛みや炎症を感じる箇所を中心に
> 2. 20分くらいを目安に
> 3. 冷やしたい箇所を心臓より高い位置に上げて
> 4. 筋肉疲労時にはストレッチも行なう

ちょっとアイデア

手指のゴワつきをとるためのアイシングのヒント

memo

氷のブロックをペットボトルなどで用意しているジムがありますが、大きすぎて持て余してしまうことがあります。それに、大きいと持っている手が冷たくてたまりません。そこで、紙コップを利用してはいかがでしょうか。これなら、必要な分だけ紙コップを破りながら使えますし、冷たいことも、手が滑ることもありません。

冬場は氷を持つ手も冷たいので紙コップで氷を作っておくと便利だ

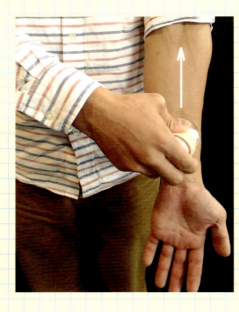

ブロック氷では指先から順に行なう。痛みを感じる場所は念入りに

プラス・ストレッチで疲労を軽減

ところで、いくらアイシングをして回復を早めたところで、傷んだ組織の修復には、少なくとも48時間くらいかかるといわれます。アイシングをしながらも、毎日手指を酷使しているアナタ。回復が間に合わずに、いつか故障してしまいますよ。毎日、傷つくまで登り続けてはいけません。

次にコンディショニング、特に登ったあとの体力回復のためのアイシングについて書きましょう。

いわゆる「長モノ課題」などで持久系のトレーニングをし、前腕がパンプしまくってパンパンに張った状態になったとします。パンプは、筋肉中の体液や血液がたくさん流れ込み、かつ乳酸などの疲労物質がたまって膨張した筋肉によって血液の戻りが悪くなった状態です。筋温が上昇したまま戻らず、登るのをやめても前腕筋肉の新陳代謝レベルはなかなか落ちずに、疲労物質は蓄積を続けてしまいます。こうなると翌日に疲れを持ち越し、筋肉痛に。こんなときはアイシングをしたあとにストレッチを行なうと、回復が早まります。

アイシングをすると前腕筋肉の新陳代謝レベルが下がるので、疲労物質の増加をグッと減らせます。パンプを冷やすことにより、流入する血液、リンパ液の量が一度減少するため、圧迫された毛細血管が広げられて、流入した血液がスムーズに静脈側に戻り流れやすくなります。つまり、フン詰まり状態だった前腕の中に、毛細血管を通って動脈から静脈へ流れる血液の量を多くすることができるのです。これにより、前腕には新鮮な酸素と栄養分が送り込まれ、疲労物質は除去されていきます。

ただし、アイシングだけでは不十分で、その後にストレッチをしっかり行なうことがキモ。それによって前腕の張りを取り除き、柔軟性を取り戻すと、毛細血管への血液量が増し、さらに回復が早まるからです。つまり、体力回復のためのアイシングはストレッチとセットで行なわないと効果半減というわけ。しかし正しいやり方をすれば、クライミング中、例えばコンペの予選と決勝のインターバルのときなどにも素早くパンプを取り除けるほどの有効なものとなります。

「ひじまでのアイシングで最も氷の量が少なくて済み効果的なのは、保温性の高いゴム長靴を利用することですよ」（クライマー・吉田和正氏談）

やってみよう！

前腕と指の話

memo

指の筋肉は、大部分が手首の関節をまたいで前腕からくるもので、基本的に屈筋（手を握る筋肉）はひじの内側（小指側）にあり、伸筋のトレーニングを取り入れることは、筋力のバランスが保たれてケガの予防に有効です。

また、鍼灸治療で効果があるとみられるポイントをツボの名称で挙げると「内関」と「曲沢」があり、それぞれ、方形回内筋と円回内筋のところにあります。

このふたつの筋肉は、ホールドをつかんで引き付けるクライミングの主要な一連の動作のなかで強く常に働いているため、拘縮を起こしやすいところで、この拘縮によって指に痛みが出現することがあります。マッサージをするときにはチェックしておくべきポイントです。

さらに、登っているときは見上げている時間が長くなり、首や肩が凝りやすいもの。指の神経はすべて頚椎からきているので、指や肩まわりが凝っていると、神経が圧迫されて指の動きが鈍くなったり、痛みが生じたりすることがあります。

そういうときは、P075で紹介している「首まわり」のケアを行ないましょう。

手を握る力と反対に、開く力を鍛えることでケガを防ごう。専用アイテムもある

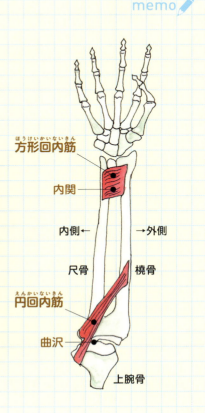

5時限目

上半身のセルフケア

　全身を酷使するボルダリングですが、特に初級者は多様なホールドへの対応が未熟で、必要以上に強く握り込んだり、バランスのいいムーブができなかったりして、腕や全身に過剰なストレスが加わります。また、ひとつの課題に打ち込むと、体の特定部位に極度な負荷が加わってしまうこともしばしば。そのため、ある程度のケガや故障はよくあることで、それらを最小限にとどめるためにも、体をケアする習慣をつけたほうがいいのです。テーピングやアイシングなどは登る日に行なうものですが、いわゆるレスト日（登らない日）にも体を手当てすると、その後のパフォーマンスに差が出ますし、故障も防げます。楽しく長く登り続けるためにも、日頃から体をメンテナンスしましょう。

　ここでは、解剖学的、経絡的な視点を踏まえて、誰もが疲労を感じやすい上半身の疲労解消法を紹介します。専門家ではなく、みなさん自身でできる方法ですので、これらを行なう際には心地よく感じるくらいの強さでやりましょう。痛いほど力強くやる必要はありません。なるべく静かなところでリラックスして行ない、ケアの前後で疲れや自覚症状がどのように変化したかをよく観察してください。

　登ったあとの疲労軽減や故障の予防を目的としていますので（登る前はストレッチなどが適しています）、行なったときに症状が強くなったり、違和感が残ったりするようならすぐに中止してください（やり方が間違っている可能性もあります）。また、ケガなど自覚症状がある場合も、無理をせず、早めに病院や専門の治療院で受診するようにしましょう。

セルフケアの心得

1. 登る前は避ける
2. 自宅などリラックスできる環境で行なったほうが効果アップ
3. ゆったりした呼吸をしながら行なう
4. 自分の体を観察し、ケアの前後で体の変化を確認する
5. 強すぎると逆効果。気持ちよく感じる程度を心がける
6. 痛みや違和感が強い場合は、早めに専門家に診てもらう

首まわり①

重い頭を安定させるため、首は日常生活のなかでも凝りやすい部位です。登っている最中は上を向いていることが多く、特に首の前面の筋肉が緊張して凝りやすくなるもの。ここを硬いまま放っておくと、頸椎から腕へと伸びる神経や血管が阻害されて手の血行不良や神経症状を引き起こすので、ここをよくほぐすことは重要です。

鎖骨のすぐ上のくぼみを、人さし指、中指、薬指を使って押さえる

押さえた指が滑らないよう気をつけながら、首を可動域の5～7割の範囲で上下にゆっくり動かす。左右に首を倒す動きを交えてもいい

首まわり②

背中側、特に肩まわりはボルダリングの動作すべてにかかわってくる部分なので、ここのケアは十分に行ないたいもの。首と後頭部の際には僧帽筋や脊柱起立筋といった背中の全面を覆う大きな筋肉がつくため、ここをほぐすことは、肩凝りはもちろん、腰痛のケアにもつながります。

凝ったところを中心に円を描くように親指でゆっくりほぐす

耳の真後ろの首筋で後頭骨の際のくぼんだところに、下から上へ押し上げるように親指を骨に当てる

5時限目

075

肩①

わきの下から肩の前面で手を入れるとつかめるのが大胸筋で、ハンドホールドを引き付けたまま静止したときや、カンテを押さえ込むときに重要になります。ここをほぐすことは前腕のパンプの解消や疲労物質の除去に効果あり。ボルダリング中に限らず、日常的に背中が丸くなってしまう人はここが緊張していることが多いのです。

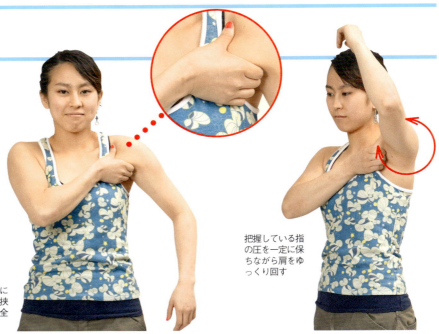

肩の前側からわきの下に四指を入れ、大胸筋を挟み込むように手のひら全体で把握する

把握している指の圧を一定に保ちながら肩をゆっくり回す

肩②

5時限目

わきの下から手を入れて肩の後ろにつかめるのが広背筋で、遠くのホールドを引き付けるときや傾斜の強い壁を登るとき、マントルを返すようなホールドをプッシュする動作時によく働きます。大胸筋の作用と拮抗した働きをするので、広背筋のケアはケガのリスクを抑えることにつながります。

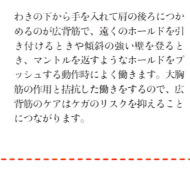

肩の後ろ側からわきの下に親指を入れ、広背筋を手のひら全体で挟み込むように把握

把握している指の圧を一定に保ちながら、腕を縦にゆっくり上下させる

把握している指の圧を一定に保ちながら、腕を横にゆっくり上下させる

腰

クライマーの多くが腰の痛みや疲労を訴えます。腰痛の原因は、下半身からくるものや上半身からくるものなど多岐にわたります。原因となるシチュエーションを一概には特定できませんが、鍼灸では腰痛全般に対して治療の際によく使われるツボ「志室」は自分の親指で押せる場所。腰痛の改善として手軽でおすすめです。

腰のくびれに手を当てて親指の当たるところを、両側から背骨に向け挟み込むように圧迫する

圧迫した親指の力が抜けないように気をつけながら、ゆっくり浅く屈伸する。その際に顔をまっすぐ前に向けるのがポイント

前腕

前腕は特に酷使するため、念入りにケアしてフレッシュな状態を保ちたい部位です。親指で押さえるのがやりにくければ、手を逆さにして四指で広く押さえてもOK！ ポイントは指先を立てないことと、指の腹全体で圧迫する感じで把握することです。

手のひらを前にして、ひじ外側（親指側）の前腕の、いちばん盛り上がっているところを探る。指の腹全体を使ってしっかり把握する

把握したまま、手のひらを可動域いっぱいにゆっくり回す

把握したまま、ひじをゆっくり曲げ伸ばし

5時限目

アミノ酸活用法

●よく見る風景・ありがちなミス

運動後にアミノ酸をとるのは一般的になっています。これはボルダリングでも同様で、うまく利用すれば効果が期待できるでしょう。ここでは、アミノ酸をとるうえでの考え方や使用方法を紹介します。

まずは、クライミング上達のためにサプリメントに手を出す人が陥りやすい状況を見てみましょう。

最近はドラッグストアやコンビニなどでも、「アミノ酸配合」とか「×××1000mg入り」などと謳ったサプリメントの類いを多く見かけるようになりました。ついついその手の商品に手が出てしまう人のなかには、

「流行ってるし興味あるけど、何を飲んだらいいかわからん」
→「とりあえず高いのか量多いか有名なの買っとけ」
→「なんか、いつ飲めばいいのかわからんし、効いてるかどうかもわかんないな……」

ということを繰り返しているうちに、

「バー〇で、クライミングシューズのリソールしたほうがいんじゃね？」

などという結論に至る人も多いことでしょう（笑）。まあ、それはそれで正しいです。

また、リソールに走るならまだしも、

「ぜんぜんうまくならないし、すぐ疲れる。手っ取り早くグレードを上げる方法はないかな」
→「サプリ飲んだらパワーアップしてパンプもしないかも」
→「なんか疲れてるけどサプリ飲んでがんばっちゃえ」

などと勘違いした揚げ句、無理してケガをしたり、おまけに、そこまでやったのに大した成果も挙げられず、モチベーションまで下げてしまったり……。こうなったらもう、目も当てられません。

サプリメントは、正しく使えば上達を補助し、ケガの予防にもつながるもの。日々、快適に登るために、基本的なスポーツサプリメントであるアミノ酸についてまとめてみました。

●アミノ酸の効果

その目的

アミノ酸は疲労軽減や回復に効果があるといわれますが、思い込みや個々人の強さによる差も大きいため、何をどれだけ飲めば効く、ということを明確にはできません。また、アミノ酸は肉体の限界値を引き上げることはできない、ということも押さえておきましょう。

アミノ酸を摂取する目的は、
1. 疲労軽減とパフォーマンス持続
2. 疲労と集中力低下に伴うケガの予防
3. トレーニング後の筋肉の回復と合成

という3点だと、まずは考えてください。

アミノ酸の効果～理屈～

アミノ酸といっても種類がいろいろありますが、ここでは「BCAA」と呼ばれるサプリメントに焦点を当てます。

人間の体が活動するためにはATP（アデノシン三リン酸）という物質が必要です。このATPは体内に蓄積できない物質のため、運動により消費されたら、その分だけ体内で生成する必要があります。

さて、このATPは、体内のアミノ酸や糖質・脂質が変換されて作られていくのですが、何がATPになるかは運動の強度によって異なります。例えば運動強度が強ければクレアチンという物質が、そうでなければグリコーゲンや糖質・脂質が、ATPへと変換されます。

具体的には下表のように各物質をATPへと変換していくのですが、登る際に多く使われるのはミドルパワーであると考えてください。

ここで必要になるグリコーゲンは、主に炭水化物から生成されると筋肉と肝臓に貯蔵され、運動により消費されていきます。そしてこのグリコーゲンが不足してくると、筋肉を分解してアミノ酸を作り、ATPへと変換しているのです。

つまり、ミドルパワーにおいては筋肉の分解によって生成されたアミノ酸がエネルギー源となり、これがヨレや翌日の筋肉痛を引き起こすのです。

出す力	必要になるATPの供給源
ハイパワー	クレアチン
ミドルパワー	グリコーゲン
ローパワー	糖質＋脂質

出す力と必要になるATP供給源の種類

● BCAAを飲んでいれば疲れないの？

こんなことを言ってしまうと「じゃあ、BCAAさえ飲んでいれば疲れを感じずに登り続けられるの？」という意見もあるかもしれませんが、そこはそう単純ではありません。

グリコーゲンの貯蔵量は筋肉量や栄養状態などにより個人差があるため、BCAAに頼らなくていい場合もありますし、一方、BCAAだけに頼った疲労軽減効果にも限界はあります。

したがって重要なのは、

● 無駄な力を使わないクライミングをする
● 登ったあとはしっかり休んで回復する
● （ケガをしない程度に）ヨレヨレになるまでクライミングをして強くなる

という、ごく当たり前のことだと思ってください。

また、初心者からサプリメントに頼りすぎてしまうことで、メンタルの面でもデメリットがあります。なぜか——。

5級までしか登れない人が「よし！BCAA飲むぞ」と、ろくなトレーニングもせずに高いお金を出してサプリメントを買い、どうにか効果が出て(?)3級を登れたとします。この人は3級で限界を感じてしまったら、このあと何をすればいいでしょうか、という問題です。

サプリメントは最後の手段くらいにとっておかないと、単にトレーニングを忌避する言い訳にしかならず、結果、ボルダリングをつまらなくしてしまう可能性があります。サプリメントに手を出す前に登り方やトレーニングに目を向けましょう。

アミノ酸の正しい使用法

前提として、現在取り組んでいるグレードにかかわらず、目標のルートや課題が明確で「あと一手、あと1トライのところでヨレて泣いている」「疲れを引きずりすぎて、2日続けて登れない」と、目的意識のはっきりした人向けです。

登る前～登っている最中

登る前にBCAAを5g程度摂取することで、筋肉の分解を抑えられます。また、登っているときにもスポーツドリンクなどに混ぜたBCAAを5～10g程度ちびちび飲むことで、同様に疲労軽減効果が得られるでしょう。

ここでの注意点は、BCAAとはバリン・ロイシン・イソロインという3つのアミノ酸から構成されるものであり、それらを合わせて5g程度必要ということです。ありがちなのが「アミノ酸2000mg配合」とラベルにはあるものの、実際にバリン・ロイシン・イソロイシンの割合を見ると500mg程度しか入っておらず、残り1500mgはほかの安いアミノ酸だったりするケース。ネットなどで、いくつも商品はあるので、なるべく純粋なBCAAを選びましょう。

登ったあと

登ったあとに必要なのはグリコーゲンの補給と筋肉の分解抑制、そして合成です。

1. なによりもまず糖！

トレーニング後に、まず摂取しなくてはいけないのはブドウ糖です。ブドウ糖は消費されたグリコーゲンの回復に役立つだけでなく、筋肉の分解を抑え、インスリン分泌を促すことで筋肉の増強を促進します。体形や目的（増強か、維持か）によりますが、20～50gを目安に摂取しましょう。

2. 次にグルタミン

グルタミンは体内のアミノ酸の6割程度を占めるアミノ酸です。トレーニング後にBCAAを飲んでも筋肉の分解を抑制することは可能なのですが、グルタミンにはそれだけでなく、合成を促進する効果があります。これも目的などにより量はまちまちですが、5～10gを先のブドウ糖と一緒に摂取しましょう。

3. 最後にプロテイン

筋肉の増強や回復には、これが一番です。BCAAでもいいのですが高すぎるし、プロテインには、BCAAにはないさまざまな有効成分が含まれています（ただし吸収はアミノ酸のほうが早いため、あくまでトレーニング後の話です）。

先のグルタミンとブドウ糖を摂取したおよそ15分後、いい感じで成長ホルモンが分泌されてきますので、そのタイミングで、目的により30～50gをドカッと摂取しましょう。

これにより筋肉の合成が効率よく行なわれますが、その結果、必要以上にマッチョになって重くなり、登れなくなったとしても本書のせいではありませんし、そういった方は別の方面でのご活躍をご期待し上げます（笑）。

5時限目

Jack's Column

休養は大切！

　ボルダリングのハウツー本なのに、休養の話をするのも変なのですが、強い体をつくるためには、休養がとても重要なのです。ジムでボルダリングを始めた人のなかには、急に入れ込んでしまって、毎日のようにジムに来る人も多くいます。三段以上が登れて、完全に体ができあがった人を除けば、週に4回、5回とジムに行くのは、明らかに登りすぎ。

　ボルダリングに必要な力をつけるためには、トレーニングをして筋力をつけ、腱や腱鞘を強くする必要があります。このためには一度、筋組織が少々壊れるくらいの負荷を与える練習をします。わかりやすくいえば、翌日に筋肉痛が出るくらい登るのです。すると、一度壊れた部分を前より強く治して、壊れにくくしようとする超回復が起きます。この超回復は夜、寝ているときに行なわれるわけですが、1晩目は現状復帰程度。2晩目になってようやっと、以前より強く修復するという本当の効果が表れます。つまり、48時間以上のインターバルがあれば前よりも強くなれる可能性があるのに、毎日登ってしまっては、強くなるヒマも、ダメージを完全に回復させるヒマもなくなってしまうというわけです。

　始めて1、2年の体ができあがっていない人は、できれば週に3回以内とし、間に必ず1日以上の休養をとったほうが、体の発達がより望め、伸びるということを意識して練習しましょう。

6 時限目

正しい用具を選ぶ

インドア・ボルダリングに必要なのは、
シューズ、チョークバッグ、ブラシ、そして動きやすいウエア。
特にシューズは、課題が登れるか否かを大きく左右します。
このコーナーでは、ビギナーが用具を選ぶときの基準や
注意点を詳しく説明します。

ボルダリングのシューズ選び

日本国内で入手できるクライミングシューズは10ブランドを超え、100以上のモデルが販売されています。それぞれレベルや用途が違って、上級者向け、ビギナー向け、前傾壁向けなどとカテゴリ分けされていますが、どういったモデルを選べばいいのかはわかりにくいものです。

多くのクライマーはいくつかのシューズを持ち、岩場とジム、スラブと前傾壁、といった感じで使い分けていて、ジムの中でも課題によって履き替える人までいます。

ここでは、シューズの概要を踏まえ、ジムを中心に登るビギナーや中級者のシューズの選び方や注意するポイントを紹介します。道具をほとんど用いないボルダリングにおいて、シューズはクライミングのパフォーマンスを最も左右するアイテム。正しく理解して、最高の一足を選びましょう。

クライミングシューズの各部名称

足入れ方法
主に3種に分かれる。写真のスリップオン＋1本ベルクロタイプやベルクロタイプ、レースアップタイプがある

トウ
クライミングでは、つま先の爪側から甲のあたりまでを示す。この部分をホールドやカンテに引っかけるムーブを「トウフック」と呼び、シューズの形状によって掛けやすさが変わる

ソール
足裏のラバー。このフリクション（摩擦）が性能に直結しているため、シューズ選びの際に重要視される

プルタブ
足を入れるときに、ここに指を入れて引っ張る。タイトなサイズを履くために2本用意され、両手で引けるようになっている

スリングショット
かかとを前に押し、つま先に力を集中させる機能がある。アキレス腱の下部を押さえることで、ヒールフックの安定性を高める

ランド
シューズを形づくるよう、アッパー側面に張り巡らされたラバー。ソールほどではないが、フリクション性能も求められる

シューズの種類と特性を理解しよう

● フィット感が最高！ レースアップ

足の形は十人十色。例えば幅が広いといっても、指先が広がっている人もいれば、指の付け根が広い人もいます。そんな細かい足形の違いに対応させやすいのが、レースアップモデルです。

ひもの締め具合によって足が痛みにくくでき、長い時間履き続けられるような大きめのサイズでも、ひもを締め込むことでシューズの中で足が固定され、小さいフットホールドに立ちやすくできます。

レースアップは他のタイプに比べると着脱が面倒だといわれることがあります。しかし、ベルクロ（特に一本締め）やスリップオンはサイズを緩めにくく、着脱するときに足をねじったり、プルタブを強く引っ張ったりする必要があるため、小さいシューズを履き慣れていないビギナーにはレースアップのほうが楽なものです。

ただし、レースアップタイプの多くはソールが硬めで、小さいホールドに立ち込みやすく設計されており、インドアで丸く大きなホールドに乗せたり、押し付けたりすることが苦手です。

長所 自分の足に合わせて、緩めたり強く締めたりできる。フィット感が高く、靴の中で足が動かないよう、しっかりホールド可能

短所 トウフックのときに靴ひもが滑って外れやすい。また、しっかり結ばないと、登っている最中にほどけることがある

靴ひもがスムーズに動くスピードレース方式は、ベルクロタイプと比べても、それほど着脱が面倒ではない

● 着脱しやすく、足入れよしのベルクロ入門タイプ

ベルクロで脱着するタイプ。なかでも、靴の履き口の部分が開くものが、「初めての一足」として主流です。種類が豊富で、たくさんの足型の商品から選ぶことができ、また、オールラウンドに使えるモデルが多いこともおすすめポイントです。

ベルクロタイプは脱着が容易で、しっかりしたフィット感が得られます。ベルクロテープが足首周りを押さえてくれるので、多少大きめのサイズを履いても、スリップオンのようにヒールフック時に脱げてしまうようなことも防いでくれますし、履き込んでいったあとの、シューズの伸びにもある程度対応可能です。

2本のベルクロタイプが標準ではありますが、トゥフックをしたときにベルクロテープがホールドに当たって滑ることがあります。これを防ぐため前方つま先側のベルクロをなるべく後方に移動したものや、履き口が大きく開く一本ベルクロタイプでつま先側に大きなトゥフックラバーを張ったものも多く見かけるようになってきました。ただし、ベルクロを後方に下げて大きなトゥフックラバーを張れば、つま先は調整が効かなくなり、幅が合わない場合は、足入れがわるくなります。

逆にベルクロテープの数を増やしたり、ジグザグのクロージングシステムにしたりすることにより、つま先のフィット感は増します。そうすると小さめの、フットホールドに立ち込んだり、しっかりとスメアリングを効かせたりしやすくなります。一足目はトゥフックよりも、しっかり足先を使えることを優先して靴を選ぶほうが得策かもしれません。

長所 レースアップのように足の形によって調整でき、スリップオンタイプに近いフィット感が得られる。また、着脱が容易

短所 モデルによってはベルクロテープが滑ってトゥフックしづらい。締めることができるポイントが限られる。また、シューレースと違ってベルクロの交換が利かない

● 最新の高性能シューズはスリップオン+1本ベルクロ

以前はスリップオンタイプ(通称スリッパ)のモデルが多く販売されていました。しかし、ヒールフック、トゥフックといったフック技を多用するようになった近年、このスリップオンに1本のベルクロテープをつけて脱げないようにしたものが、高性能シューズの定番となってきています。上級者用、コンペモデルのほとんどがこのタイプです。

ただし、入口が開かないモデルは着脱に手間がかかります。熟達者は、小さな靴を履くのにも慣れていますが、初心者はきつくて履けない場合もあります。慣れていないと足の痛みが気になって、かえって登りにくいことも。かといってサイズを大きめにしてしまっては、せっかくの性能を活かすことができません。

少しきつめの靴に慣れてから、2足目以降で高性能シューズに移行するのもよい作戦でしょう。

長所 シンプルな構造のため軽量。オールレザーのモデルは足になじみやすく、高いフィット感が得られる

短所 伸びることを前提にサイズを選ばなければならない。伸びてしまうと調整が利かず、緩くなりすぎてしまう可能性がある

6時限目

豆知識!

ボルダリングシューズ!? NO! クライミングシューズ

memo

ボルダリングという言葉が広く知られるに伴って、間違ったとらえ方をされるようになりました。それが表面化したものが「ボルダリングシューズ」という呼び方です。本書を最初から読んでいる人は正しく理解していることと思いますが、ボルダリングはクライミングのひとつのジャンル。シューズはボルダリング専用というわけではなく、クライミング(主にフリー)全般に向けてデザインされています。ですから、やはり「クライミングシューズ」と呼ぶのが正しいのです。

近年、ボルダリングの動きに特化した外岩用シューズも開発されましたが、クライミングそのもののムーブがボルダリングに近づき、どちらか一方にしか使用できない靴は、結局ありません。

形状の違いと利点

● ダウントウか、フラットか

クライミングシューズの変化を語るうえで最も重要なのがダウントウではないでしょうか。前傾壁ではフットホールドにつま先を引っかけやすく、足が外れにくいというもので、特に130度、140度といった傾斜の強い壁で真価を発揮します。つま先でフットホールドを引っ張るような使い方ができ、かき込みムーブがしやすく、またルーフなどでは簡単に足ブラになるのを防いでくれます。

ただ、つま先がカギ形になるように作られているため、履き心地があまりよくありません。また、形が決まってしまっているだけにスメアリングしづらく、つま先を上に反らせることでホールドに足を引っかけるトウフックは苦手。ルーフなどの強い前傾壁での使い勝手に的を絞っているだけに、弱点もあるのがダウントウだと覚えておきましょう。

その点、フラット型は素直な形状だけに履き心地がよくて、オールラウンドに使えるといえます。傾斜の強い壁で、足が外れるか否かが成功を左右するような登りを初・中級者がすることは考えにくく、初めのうちはつま先がフラットなモデルを選ぶのが妥当です。

フラット型
クセがなくオールラウンドに使え、履き心地がいい。ビギナーに最適なモデル

ダウントウ
前傾壁でフットホールドをとらえやすくするため、つま先がカギ型になっている

● インサイトエッジに力を集中させるターンイン

つま先が親指側に大きくカーブしていることをターンインと呼びます。垂直前後の壁で小さいホールドにインサイドエッジで立つ際に有効な形で、特に足を高く上げる正対ムーブに向いています。親指の腹でエッジングしたいときには、高いパフォーマンスを発揮します。

しかし、当たり前のことですが、アウトサイドエッジ（小指側）でホールドに立つのは不得手で、キョンなどのねじり系ムーブには不向き。フリを多用する人にはあまりおすすめできません。

また、親指よりも人さし指や中指が長い足の持ち主は、飛び出た指が当たって痛みが出ることがあります。

これに対し、ストレートなシューズは汎用性が広く、履き心地もいいので、ビギナーはこちらを選ぶべきでしょう。

親指側につま先が集まり、ピンポイントに力が入るターンインタイプ

ビギナー向けとされるモデルのほとんどがストレートな形状だ

● ソールのフリクション

「フリクション＝静止摩擦係数×面積×荷重」という法則があります。つまり、フットホールドに対して接地している面先が広ければ広いほど滑りにくいということで、普通の靴のようにソールに溝（パターン）があると接地面積が少なくなるため、クライミングシューズのソールは、のっぺりとフラットになっています。

シューズの性能を最も左右するのは、ソールのフリクションであるといっても過言ではありません。1980年代初めに登場したボリエールのフィーレは、他ブランドを凌駕するソールを搭載して世界を驚かせました。その後、90年代になるとファイブテンがステルスC4ラバーを開発。その圧倒的なフリクション性能から多くのクライマーがファイブテンユーザーになるという一種のブームが起き、現在でも根強い人気を誇っています。フィーレにせよ、ファイブテンにせよ、その時代、多くのクライマーが同じシューズを履いていたことからも、クライミングシューズにとってソールのフリクションがいかに大事かわかるでしょう。

現在は、他社も優れたソールを供給するようになり、ファイブテンの独占状態は終わりを告げました。メーカーによるソールの質の差がなくなりつつあります。

このフリクション、軟らかくてベタベタしたラバーであればいいと思われがちです。たしかに大きいフットホールドやスラブに足をペタッと置くときには有効ですが、小さくエッジの立ったフットホールドに立つと、ラバーが体重や足の力で押し付けられることで変形したり、ボロボロに削れたりして滑ります。そういったことを考慮して、各メーカーは、シューズの使用目的やシチュエーション別に硬さの異なるソールを使用しています。

また1足のシューズで、ソールのトウとヒール、甲部分で特製の違うラバーを使い分けるなど、より高性能になっています。

高いフリクション性能で人気がある「RSラバー」をソールに使ったモデル

アプローチシューズのソールは、土などの上を歩くためにパターンがある部分と、クライミング用にフラットにしたつま先部（クライミングゾーンなどという）に分かれている

足形に合うシューズを探す

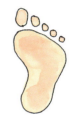

多くのクライミングシューズは、親指が長いエジプト型（左）のラストで作られている。人さし指が長いギリシャ型（右）の足の持ち主はシューズ選びに苦労するだろう。西洋人に比べると日本人は足の指が短く足幅があるため、シューズの先端が丸いタイプがフィットするが、小さなフットホールドをとらえるのには不向きで、ハイエンドモデルにはこのタイプは少ない

ここまでシューズの特性やタイプについて解説してきましたが、最も重要なのは自分の足の形に合うモデルの適正なサイズを選ぶことです。どれだけ評判がよくて高性能なモデルでも、足が正しく収まっていないと本領が発揮できませんし、痛くて登ることに集中できないようでは元も子もありません。

普段履いている靴が足の実寸より大きなサイズを選ぶのに対し、クライミングシューズは実寸より小さなものを選びますが、特にビギナーは小さい靴を履くことに慣れていないでしょうから、ほどほどにしておきましょう。指が軽く曲がっている状態で履き、つま先立ちしてみたときに痛みがないものを。

また、小指やアキレス腱、くるぶしなど、どこか1カ所が当たっている場合は足形が合っていない可能性があります。そんなときは、こだわらずに他のモデルを試し履きして、よりよいフィット感が得られるモデルを選びましょう。

ビニールは滑りがよく、かなり小さなサイズも履けてしまう。買って帰ったら痛くて履けなかった……なんてことのないように

足より少し小さいサイズを。初めの一足は小さすぎるサイズを選ばないこと

●2足目のシューズ選び

2足目を購入する人は、もっと登れるようになりたい、高いグレードを登りたいというモチベーションを持っている人が多く見受けられます。ここで注意したいのは、きつすぎるサイズは選ばないこと。1足目のシューズに少し緩めを購入した反動で、すごくきついサイズを選ぶ傾向があります。無理にねじ込めば入るくらいのサイズから1/2サイズ大きなものを選びましょう。

メンテナンスとアクセサリー

●シューズをより快適に使うために

クライミングシューズを頻繁に利用し、よく乾かさずに使い続ければ、いやな臭いが発生してしまいます。臭いの原因は、湿り気や汚れで雑菌が繁殖するから。いくら芳香剤などを入れてごまかそうとしても、繁殖し続ける雑菌には対抗できません。

基本の対策は、使用後にシューズを風通しのいい乾燥した場所に置くことです。日光に当てることは殺菌作用があり、消臭にも効果がありますが、同時にシューズの劣化も招くので、ほどほどにしておいたほうがいいでしょう。また、アルコールスプレーなどを使うのも、臭いがつく前のシューズには効果があります。ただし、こちらもスプレー後はよく乾燥させましょう。

人気なのはシューズ用消臭剤です。雑菌を死滅させる成分を含むアイテムなので、臭いに悩んでいる人は使ってみて損はありません。

ちなみに、天然皮革にはそのものに消臭効果があり臭いが発生しづらいもの。逆に合成皮革を使用していたり裏地が貼られていたりすると臭いが出やすいという傾向があります。

最近はクライミング用ソックスを履く人が多くなりました。速乾・防臭性能に加えて、サポーター効果が高いソックスも販売されています。

天然の石粉が消臭効果を発揮する「グランズレメディ」

吸汗速乾と抗菌防臭のほか、さまざまな機能があるクライミング用ソックス

ブラシはソールのフリクションをアップさせられるアイテム

●フリクションをアップ

ソールのゴミを落としたり、ツルツルになったラバーの表面をザラザラに仕上げたりできるブラシがあります。こまめに手入れをして、性能をキープしましょう。ブラシはホールド磨きにも使えます。

また、シューズのアッパーにラバーを塗るためのキットも販売されています。こちらはトウフック時にホールドに掛かりやすくするもので、カスタマイズしたいクライマーには頻繁に利用されています。

女性のシューズ選び

クライミングといえば岩登りだった時代は終わりを告げ、クライミングジムの出現によってフィットネス感覚でルートクライミングやボルダリングを楽しむ女性が増えました。一般的に男性より小柄で、体重が軽く、足の形も男性とは異なる女性に向けて、専用モデルが発売されるのは自然な流れといえるでしょう。

単にデザインが女性らしくなっているだけではありません。例えば、女性用モデルにはターンインが少ないのが特徴です。これは、女性にはX脚が多く、ねじり系などのアウトサイドエッジを使うムーブを多用する傾向があるためです。

また、男性でも細身の足でサイズが小さい（実寸で25cm以下）人は女性モデルがフィットする場合があります。

ほとんどのメーカーから女性専用のモデルが発売されている

イボルブのエレクトラ（女性用・写真下）は、デファイ（ユニセックス・写真上）に比べるとヒールカップが小さく作られている。かかとが小さく、くるぶしがシューズの縁に当たってしまう女性に配慮している

近年のクライミングジムは清潔で、男女問わず気軽に利用できるようになった

ビギナーにおすすめしたい
インドア・ボルダリングでのシューズ選び

クライミングシューズについては理解できたでしょうか。今のところ、インドア・ボルダリング専用シューズというものは存在しませんが、近ごろのクライミングジムの傾向を考えると、シューズを選ぶ際にいくつかのポイントが見えてきます。

まず、ソールが柔らかいモデルを選ぶべきです。ラバーが厚くて硬いソールは大きくて丸い人工ホールドにフィットしませんし、ホールドにどのように乗っているか感触が得られません。ただし、極端に柔らかいシューズがまれにあり、そういったモデルはビギナー向きではありませんので注意しましょう。

また、極端にターンイン、ダウントウしたモデルは避けるべきです。俗に「ストレートな」と表現されますが、クセのない形状のほうが使い勝手がよく、足が痛くなりにくいはずです。エントリーモデルはストレートなシューズが多いことから「ビギナー向け＝機能が劣る」と考える人もいますが、これは勘違い。ボルダリング・ワールドカップで優勝するようなクライマーが愛用しているモデルが、ストレートなシューズだったりします。

また、ジムで登るのが中心であれば、サイズはあまりきつくないものを選びましょう。昔はギュウギュウのシューズを履くのが当然でしたし、岩場で特別に小さなフットホールドに立つことを考えたらタイトなものを選ぶこともありますが、大きなホールドに足を置くことが多いジムでは不要です。現在はシューズが高性能になり、そこまで小さなものを履かなくても十分に立てます。シューズの中で足がズレたり、登っている最中に脱げたりしない程度のサイズにしておきましょう。

ウエア

● ボルダリング用のシャツ

特別にボルダリング用に作られたシャツ類があるわけではないので、たいていの場合は、TシャツなどでOKだし、ほとんどの人がそれで済ませているでしょう。

しかし、せっかくボルダリングを始めたのだから、お気に入りのブランドのTシャツくらいは着たいもの。また、少しでも登りやすさを考えるならば、袖はないほうがいいでしょう。腕を大きく動かせ、よく上がるからです。

素材は綿100％ではなく、吸汗速乾の生地のほうが、汗で張り付くことなく、快適でカッコよく見えます。ワールドカップ日本代表のユニフォームなどは、少しでも登りやすくしようと、よく考えられて作られていますから、参考にするといいでしょう。

選手のこだわりが詰まった代表ユニフォーム

動きやすさを重視すればノースリーブ

● ボルダリングパンツ

ボルダリングのときには、何をはいて登るかが重要になります。つまり、シューズ同様にパンツもより登りやすいものを選ばないと、パフォーマンスに影響するのです。まず大切なのは、ひざを保護したほうがいいということ。特に初心者は壁やホールドにひざをぶつけやすいため、短パンなど、ひざの出るものはよくありません。

足元がよく見えるように、裾を締めることのできるパンツや七分丈が人気があります。ボルダリング用に作られていれば、生地がストレッチするものが多く、股が広げやすいように股下部にガセットと呼ばれる菱形のマチが入っていたり、ひざが立体裁断になっていたりします。ボルダリング用は、動きやすさもカッコよさも一般のものとは段違いです。

また女性は、あまりピタッとしているよりも少しゆとりがあるほうが、体のラインを気にすることなく登れるのでいいでしょう。

ひざの上げ下げを妨げない立体裁断

股下のガセットは重要なパーツだ

クライミングパンツは、ぜひ専用のものを

裾は絞られているほうが、足元の視認性が高い

6時限目

その他のグッズ

● チョーク類

　チョークとは、炭酸マグネシウムの粉のこと。ボルダリングには、それにロジン（松ヤニ）などを混ぜたものを使ったりもします。体操選手のように、たくさん手につけたほうが汗を止め、手指のグリップ力を高めてくれます。リキッドタイプは持ち運びが楽で、一度つけると長く手に残ります。しかし、塗ったあとに乾燥させないとなりません。小まめにつけることができず、手も荒れやすいのが欠点。汗っかきの人は、塗ってもすぐに汗で湿って取れてしまいます。

　粉のチョークは最も一般的ですが、飛散してしまうため、使用を禁止しているジムも多くあります。チョークを袋に詰めたチョークボールはたくさんの種類が出ています。いろいろ使ってみて、より自分の手になじむものを探してください。

　また固型タイプは、飛散しないうえ、手や指先にうまくすり込むことができるので、愛用者も多いです。粉チョークのなかにも、塊状の部分を多く含むチャンキータイプがあります。

　ほかにもペースト状、ジェル状などさまざまなタイプがあります。

リキッドタイプ

アルコールにチョークと松ヤニを溶かしたものが主流だが、松ヤニを含まないものやアルコールを使用していないものもある

チョークボール

チョークを袋に詰めたタイプ。チョークバッグを倒してもこぼれにくく、ジムではこちらの使用を義務付けている場合が多い

固形タイプ

手で簡単に割れる程度の硬さに固められている。自分の好きなサイズにして撫でていると、徐々に角が取れて握りやすくなる

チャンキータイプ

粉末に小さな固形が混ざっている。そのままチョークバッグに入れたり、チョークボールに詰めたりできる

● チョークバッグ

　チョークを持ち運ぶためにも、登りながらつけるためにも必要なのがチョークバッグ。以前はチョークバッグなしで登る人は極めてまれでしたが、ボルダリングのブームにより、チョークバッグを腰につけずに、置いて使うのも一般的となってきました。置き型ならば、粉や固型のチョークを入れて使うことができ、飛び散らないので便利。手にまんべんなくチョークがつくように内側にフリースやボアが張ってあるものが多く、手ざわりもよくなっています。

　口を絞る巾着タイプが多いですが、なかにはツイストさせたり、口を合わせて閉じるもの、さらにロールアップするものもあり、これだと持ち運び時に中身がこぼれずに便利です。しかし、外岩や長ものと呼ばれる手数の多い課題には、従来の腰につけて登るタイプも必要。腰のベルトはあまり太くなく、チョークバッグが自由に動くくらいがちょうどいいとされています。

腰につけるタイプは長い課題に

ボルダリング用の床置きタイプ

● ブラシ類

　ホールドにチョークがたくさんつきすぎて固まると、滑って登れなくなってしまいます。また、前に登った人の手汗や汚れが残っていると、フリクションは悪化して滑りやすくなります。これを掃除し、凹凸を回復させるために使うのがブラシ。

　以前は、古くなった歯ブラシなどを代用していたのですが、最近は、ホールド掃除専用のものが出ています。天然の馬毛や豚毛を使ったものは、ホールドが傷まずに、よく落ちるのが利点。外岩では自分の付けたチョークは落として帰るのがルールですから、必ず持参しないといけません。

毛の種類には人工毛と自然毛がある

> 豆知識！

memo

持てなかったホールドが持てる!?
知っておきたいチョーク選び

チョークは左ページで紹介したように、リキッドタイプ、固形タイプなどの形状の違いのほかに、手汗が多い人用、乾燥した手の人用など、使い手のタイプによって配合を変え、より滑りづらく作られている。自分の体質によって使い分けてみよう。

手汗が多い人（ヌメリ手）向き

汗を吸収してくれる成分が入っていたり、高アルコールで水分を飛ばしてくれたりと、手汗でヌメリがちな人やホールドが湿っている時に適している

手が乾燥している人（乾燥手）向き

増粘効果のある成分が配合されていたり、アルコールフリーで皮膚の過度な乾燥を防いでくれたりする。低アルコールのものは乾くのにやや時間がかかる。しっかり乾かしてからホールドに触れよう

重ね付けをしたり、オリジナルチョークを作ってみても

↑チョーク下地も販売されている

上級者は手の体質だけでなく、課題の種類やその日の湿度などコンディションによって、何種類かのチョークを使い分けている。慣れてきたら、液体やクリームタイプをベースに塗ってからチャンキータイプで仕上げるなど、チョークアップをしたり、お気に入りのチョークをブレンドして、オリジナルチョーク作りに挑戦したりするのもおすすめだ

6時限目

チョークは落としてこそ効く！

チョークをつけるとフリクションがよくなりますが、つきすぎてホールドの表面をチョークの粉が埋めるような状態になると、逆に滑って持ちづらくなります。そんなときは、ホールドについたチョークを一度ブラシできれいに落としましょう。スローパーやカチでは、特にはっきり効果が実感できるはずです。

使うブラシは、歯ブラシやボディブラシなど一般に売られているものでOK。金属性のワイヤーブラシは、軟らかいホールドを傷つけたり、外岩では欠けや削れの原因になるので使用しないように。

滑り止め以外の目的で、ホールドの使いやすい位置の目印にチョークをつけることがありますが、オンサイトで登ろうとする人や自分でムーブを組み立てたい人の妨げになるので、登り終わったら必ず、すぐにチョークを落としましょう。ボルダリングをしない人から見れば、チョーク跡は岩を汚す、ただの落書きのようなもの。外岩では必ずきれいに落として帰るのがマナーです。

7時限目

ボルダリング用語集

通常の外来語は英語。英語以外はカッコ内に国名を入れました。（俗）は俗語。

あ

アーケ arque（仏）　→クリンプ

足自由　ハンドホールドのみ限定し、フットホールドはどのホールドを使ってもいいという課題設定。

足ブラ（俗）　足を使わずに、腕のみでぶら下がること。この状態から腕のみで体を引き上げて次のホールドをつかみにいくことをキャンピング、またはキャンパという。

アッパー upper　靴の上部。底以外の部分。

アビュー a vue（仏）　→オンサイト

RP　「レッドポイント」の略。またはオーストラリア製スモールナッツの製品名。

アレ aller（仏）　「行け！」「がんばれ！」を意味するコール（かけ声）。

アレート arete（仏）　岩の飛び出た部分が縦に長く続いたもの。ドイツ語で「カンテ」と呼ばれることも多い。日本語では凹角の反対で「凸角」。英語ではどちらも「コーナー」。

アンダークリング under cling　アンダーホールドを、手のひらがクライマー側を向いた状態で持つこと。

アンダーホールド under hold　下側が持てるようになっているホールド。「アンダーカット」ともいう。

い

EB　フランス製のクライミングシューズ。1970年代後半から80年代前半まで長期にわたりクライマーに愛用された。いま手にすると、あまりの底の硬さに絶句する。

え

エッジ edge　縁、へり、角（かど）。または角のあるホールド。

エッジング edging　クライミングシューズの使い方の基本形。特にインサイド（親指側）のエッジングは小さなフットホールドでも安定して立つことができる。ある程度底の硬い靴が有利。

お

オーバーハング over hang　垂直以上の壁。単に「ハング」ともいう。

オフウィドゥス off-width　ウィドゥス（幅）がオフ（この場合「常識から外れた」の意味）サイズのクラック。フィスト（拳サイズ）より広くてチムニーより狭く、登りにくい。「オフィズス」ともいう。

オブザベーション observation　ルートの下見。オンサイトするための重要な作業。コンペでは通常、6分間が与えられる。もちろん岩場では、誰かが登らない限り、1時間でも半日でも見ていてかまわない。

オープンハンド open hand　クリンプに相対するホールドの持ち方。指を伸ばした状態（まっすぐに伸ばしているわけではない）でホールドを持つこと。ポケット、外傾ホールドなどで有効。

オポジション opposition　相対する2方向の力。

オンサイト onsight　初見。または初見で（テンション、フォールなしに）完登すること。

か

外傾ホールド　主に、エッジ状ホールドでありながら手前に傾いていて、指の掛かりが悪いものをいう。エッジのないものを「スローパー」と呼ぶ。

ガストン gaston　縦ホールドを、親指を下にして持つこと。語源は、かの伝説的名ガイド、ガストン・レビュファ。一説には、レビュファがクラックを観音開きで登っていた写真があったことによるらしい。

カチ（俗）　カッチリしたホールド。主に小さめのエッジホールドに使う。

カチ持ち（俗）　→クリンプ

カチラー（俗）　カチに強い、あるいはカチ持ちしかできないクライマーを呼ぶ。

ガバ（俗）　ガバッとつかめるホールド。英語では「バケット（バケツ）」。

かぶっている（俗）　前傾している。反対語は「ねている」。

カンテ Kante（独）　凸角。アウトサイドコーナー。

完登　登りきること。フリークライミングの世界では、テンションやフォールなしで登りきることを意味している。

観音開き（俗）　クラックの場合は、ジャミングを知らないゆえの間違った技術であることが多いが、体の近くにあるふたつの縦ホールドを使うときなど自然にこの形になり、有効なことがある。この言葉の本来の動きとは違っている気もするが……。→ガストン

ガンバ（俗）　「がんばれ」の略。

き

ギア gear　用具。

キャンパシング campusing　キャンパスボードと呼ばれる機器を用い、指の力や引き付け力を鍛えるトレーニング法。

キョン（俗）　片足のひざをインサイドに曲げて安定させる。前傾壁で有効。語源はマンガ『がきデカ』のギャグ「八丈島のきょん」。埼玉県の二子山に集まるクライマーによって87年ごろから使われ始めた。「池田（功）ステップ」と呼ばれた時代もあった。英語では「ドロップニー」。

く

クライムダウン climb down　ロープにぶら下がらずに、自分の力で（フリーで）下りること。ある程度登ってからクライムダウンし、あらためて登り直しても完登であることに問題はない（コンペでは地面まで下りることはできない）。

グラウンドフォール ground fall　地上への墜落。略して「グラウンドする」などと使う。よく「グランドフォール」と言い間違えてしまうが、これでは「偉大なる墜落」となってしまう。

クラック crack　岩の割れ目。ジャミングという独特のテクニックを使うことが多い。人工壁で目にすることは少ない。

クラッシュパッド crash pad　ボルダリング用衝撃吸収パッド。「ボルダリングマット」ともいわれる。これの出現によってボルダリングが安全になったことは事実だが、逆につまらなくなったと感じる人々もいる。

クラッグ crag　岩場。ビッグウォールでないものを指す。

クリンプ crimp　ホールドの持ち方のひとつ。指の第二関節を曲げ、第一関節は曲げず、むしろ反らせるようにして、指先で支える。小さなエッジに有効。

グルーブ groove　一般に、コーナーより角度の広い凹角。水の浸食などによってできた浅い溝など。

グレード grade　岩場のルートにつけられた難易度。国によってさまざまな表現があり、ややこしい。日本はアメリカの方式を採用していて、かなり定着している。ヨーロッパ帰りのクライマーはフランス式をよく使う。

け

限定　設定者が、使ってはいけない部分を設定することがあり、これを「限定」と呼ぶ。柱状節理の岩などで「左右の凹角とカンテを使わないでフェイスのみで登る」などはわかりやすいが、「常にコーナーに正対して登る」「右奥のホールドは1回だけ使うこと」など常軌を逸したものもある。

こ

鯉のぼり（俗）　壁に対して体を真横にするもので、上の手でホールド（かなりのガバ）を引き、下の手で壁を押すという、一種のオポジションである。これに関しては大阪の東秀磯の独壇場であり、力自慢のクライマーであっても通常は数秒しかできないものだが、彼の場合、5分は楽にできるという。ただ、このムーブを必要とするルートは現在なく、また将来的にもないと思われる。よってクライミング用語とはいえないが、実践するクライマーはけっこう多い。

細かい（俗）　ホールドが小さいこと。

ゴミカチ（俗）　極小のカチホールド。

コンペ competition　競技会。主にリード、ボルダー、スピードの3つのカテゴリーがある。ワードカップやジャパンカップなどから、ジム単位で行なわれるローカルコンペまで、規模やレベルはさまざま。

さ

三点支持　両手足を四点として、一点を動かすために、残る三点で体を保持すること。こう書くと大層なことのようだが、慎重に登れば誰でもそうなるので、技術というほどのものではない。現代のクライミングではむしろ、三点支持を無視したほうが結果につながることが多い。「三点確保」ともいう。

し

地ジャン（俗）　ボルダリングで地面からジャンプするスタート方法。ボルダリングには、岩に取り付いた状態から始めるとい

う暗黙のルールがあるので、地ジャンの課題は発表の際にそれを明記すべき。シットスタートの場合、お尻の反動で取り付く場合があり「尻ジャン」「ケツジャン」と呼ばれる。

シットスタート sit start　「シットダウンスタート」の略。ボルダリングで、低い位置から座ったような状態でスタートすること。スタンディングの状態で取り付く課題にあとから付け加えられることが多く、当然、オリジナルよりハードな課題となる。

ジャグホールド jug hold　ジャグとは「水差し」。この取っ手のようなガバホールドのこと。

ジャミング jamming　クラックの中に手や足を入れて安定させるテクニック。痛いことが多い。

残置　岩場に人工的に置かれているものの総称。ボルダリングエリアにはまれにボルダリングマットなどが置かれていることがあるが、むやみに残置するのは控えたい。

シェイク shake（俗）　腕をブラブラさせて筋力を回復させること。

シャンク shank　靴底を硬くするために入れる、硬質プラスチックなどの板。

人工壁　人工的に造った壁。人工登攀のための壁ではない。「クライミングウォール」とも呼ばれる。

人工ホールド　プラスチックなどで自然の岩の感触に似せて造ったもの。人工登攀のためのホールドではない。

す

スタティック static　静的な。スタティックなクライミングでは鈴木英貴が有名。

スタンス stance　本来の意味は「足の置き方」（ゴルフ、野球などでよく使われている）。「立場」を表す一般用語でもある。最も頻繁に間違って用いられている言葉といえよう。正しくは「フットホールド」。

ステミング stemming　開脚。凹角でよく用いられるフットワーク。「ブリッジング」ともいう。

ストレニュアス strenuous　厳しさが続くこと。「ストレニ」と略して使うこともある。

スポット spot　主にアウトドアにおいて、登っている人が落ちたときに安全な着地ができるようにサポートすること。

スポートクライミング sport climbing
従来のフリークライミングから危険性・冒険性を排除したもの。つまり、ラベルボルトによるルート、人工壁でのクライミングを指す。よく「スポーツ」と間違って使われるが、単数なので「スポート」である。反対語は「トラディショナルクライミング」。

スメアリング smearing スメアは「こすりつける」という意味。主にスラブで用いられる足の置き方。

スラブ slab 主に、傾斜の緩いツルッとした岩。前傾壁中心に登っている最近のクライマーは90度以下の壁をすべてスラブと呼び、さげすむ傾向がある。

スローパー sloper →外傾ホールド

せ

正対 体の正面が壁に向いている状態。高難度ルートになるとこの体勢では登れないことが多い。初心者はこの状態のままで登ろうとする傾向があり、いつになってもそれが抜けない場合、「正対クライマー」という不名誉なレッテルが貼られる。

セッション session 複数人でひとつの課題に取り組むことを指す。出場者が多いコンペでは、予選などでこの方法がとられることが多い。

そ

ソール sole 靴底。

た

7時限目

ダイク dike 岩の硬い部分が飛び出て帯状になっているもの。花崗岩では、よく石英質のダイクが見られる。

ダイノ dyno →ランジ

ダイヒードラル dihedral 岩の凹角。「オープンブック」「インサイドコーナー」とも。フランス語では「ディエードル（diedre）」。

ダブルダイノ double dyno 両手ランジ。

タンデュー tendu（仏）→オープンハンド

ち

チキンヘッド chicken head（俗）ニワトリのトサカのように飛び出たホールド。

チッピング chipping 岩を削ること。「チズリング」も同じ。

チップトホールド chipped hold チッピングによって作られたホールド。「チョップドホールド」は間違い（ボルトを切り落とすことは「チョッピング」という）。

チムニー chimney もとの意味は「煙突」。クラックのなかで最も幅広いもの。ステミング、バック・アンド・フット（背中と脚で突っ張って）などで登る。

中継 中継ホールドの略。それだけでは体を支えることができない小さなホールドで、次の、より掛かりのいいホールドへデッドポイントするためのもの。

チョーク chalk 滑り止めの粉。専用のチョークバッグに入れて携行する。

チョックストーン chock stone クラックに詰まった石。まれに2、3mある巨大なものがあり、沖縄具・志頭エリアの「チョックストーンアタック」など、チョックストーンそのものを登る課題もある。

て

ティックマーク tick mark ホールドの位置がわかりやすいようにチョークでつける印。岩場ではあまりに目立つマークが消されないまま残され問題になっている。

デッドポイント dead point 体の重心を壁に引き寄せ、それが離れ始める寸前の一瞬の無重力状態を利用して、次のホールドを取ること。

と

トウフック toe hook つま先（トウ）でホールドを引っかけること。よく「トゥーフック」と間違って表記される。

トップアウト top out 岩や壁の上に這い上がること。インドアの場合は「終了ホールド」を保持して完登とすることが多いが、アウトドアの場合はこれが基本となる。

トップローププロブレム toprope problem ボルダーとして登るには高く、リードするには低い岩に設定されることが多い。

トラッド trad 「トラディショナルクライミング」の略。

トラバース traverse 横へ移動すること。

トリッキー tricky わかりづらい、独特な。「トリッキーなムーブ」「トリッキーなルート」というように使う。

な

長モノ（俗）多くのボルダー課題が10手程度までで終了するのに対し、20手、30手ある課題を呼ぶ。ジムにはルートクライミングの練習などを目的とした、長モノ課題がボルダリング用ウォールに用意されていることもある。

に

ニーバー knee bar つっかえ棒の要領で、足先とひざで固定するレスティング技術。凹凸の激しい前傾壁、つらら状の石灰岩などを利用して行なわれることが多い。また、この技術の普及によってグレードダウンされたルートも多い。

ニーロック knee lock ワイドクラックでひざをロックさせること。

ぬ

ヌメる（俗）手汗によってホールドが滑りやすくなること。

の

ノブ（俗）ドアの取っ手のように飛び出たホールド。

ノーマット ボルダリングマットを使用せずに登ること。十数年前まではこれが普通だったが、近年、このスタイルで登る人は少なくなった。あえてマットを使用せずに登る主義のクライマーがいる。

は

ハイステップ high step 高い位置にあるフットホールドに立ち込むムーブ。

ハイボルダー high boulder 通常のボルダーが3、4mほどなのに対し、5mを超えるような岩を示す。「ハイボール」と呼ばれることもある。

ハードフリー（俗）現在行なわれているフリークライミングを過去にこう呼んだ。「ハードな（難しい）フリークライミング」の意味。

ハーネス harness クライミング用の安全ベルト。語源は、馬車馬に付ける革のベルト。

パーミング palming 丸いホールドなどを手のひら（パーム）で押さえること。

パキる（俗）主に手の指の関節を痛めること。一流クライマーになるには避けて通れない（？）。

ハングドッグ hangdog（俗）正しくは、ルートクライミングにおいてロープにぶら下がってムーブを探ることを指すが、ボルダリングにおいても、課題の途中から練習することを呼ぶ場合がある。アメリカでは近年まで反則技だった。

ハンドクラック hand crack 手のひらの厚さから、それよりやや広いクラック。

ハンドジャム hand jam ジャミングのなかでは、いちばん簡単。

バンド band 岩を横切っているもの。レッジが横に長く続いているものを指すことが多いが、エベレストのイエローバンドのような "絵に描いた餅" にも使われる。

パンプ pump（俗）過度の使用により筋肉がふくれ上がること。「パンプアップ」の略。

ひ

ひも（俗）ルートクライミングはロープを使うことから、「ひも」と呼ばれること

がある。

ヒールフック heel hook　かかとをホールドに引っかけるテクニック。昔はハングの出口などでしか使わなかったが、今はバランスをとるために、ちょっと引っかける程度のフックが多用されている。

ピンチ pinch　親指とその他の指でホールドを挟むこと。「ピンチグリップ」の略。

ふ

フィンガーチップ finger tip　極小エッジ。

フィンガリー（俗）　細かいホールドが続く、指を酷使するルートを「フィンガリーなルート」という。

フラッギング flagging　片方の足をホールドに乗せずに（流して）バランスをとり、次のホールドを取る方法。体は壁に対して横向きになるので、外側の足を流す場合は「アウトサイドフラッギング」、内側の足を流す場合は「インサイドフラッギング」という。

フラッシング flashing　本来は（オンサイトも含めた）1回目のトライで完登すること。のちにオンサイトの概念が確立され、区別するために「他人の登りを見たあと、初めてのトライで完登すること」を指すようになった。

フリーソロ free solo　通常はリードされているルートを、ロープをつけずに登ること。もちろん一般的ではなく、ごく少数のクライマーがたまに行なうだけ。フリーソロを行なうクライマーとしてはジョン・バーカー、ピーター・クロフト、ルネ・ロベール、アレックス・フーバー、ディーン・ポッターなどが有名。ボルダリングでも、フリーソロに限りなく近いハイボール課題がある。

ブリッジング bridging　→ステミング

フリクション friction　摩擦。フリークライミングにおいては、靴底と岩、ふたつのフリクションが重要なファクターとなる。

フレーク flake　壁に貼りついているような状態の板状の岩。

プロジェクト project　「計画、企画」という言葉だが、クライミングでは「試登中」を意味する。「P」と略して書かれることが多い。トポに、単に「プロジェクト」と書いてある場合は登らないほうがいい。誰が登ってもいいものは「公開（オープン）プロジェクト」と書いてあるはず。

プロブレム problem　課題。主にボルダリングに使われる。

へ

ベータフラッシュ beta flash　ベータと

は「情報」のこと。つまり、情報付きのフラッシング。核心部の手順を事前に（あるいは登りながら）人に聞くなど。場合によっては、人の登りを見るより助けとなるかもしれない。ジャック中根に連れられて登りに行き、一撃した場合、必然的にこのベータフラッシュとなる。「ヘッドポイント」ともいう。

ほ

ボルダー boulder　大きな石ころ。

ボルダリング bouldering　ボルダーを登ること。壁の取付などでロープをつけずにトラバース、あるいは安全な高さまで登ることも含む。

ボルダリングマット bouldering mat　主にアウトドアで使用する持ち運び可能なボルダリング専用マット。ジムでは巨大なマットが敷き詰められているのが一般的だが、まれにボルダリングマットを使用して登る人工壁がある。

ポケット pocket　穴状のホールド。大きさにより、ワンフィンガーポケット、ツーフィンガー…、スリー…と呼ぶ。

ホールド hold　手がかり、足がかり。

ま

マッチ match　ひとつのホールドを両手で持つこと。「持ち替え」という意味で使われることもある。

マントル mantel　ボルダーのてっぺんや、ホールドのないテラスに這い上がるときによく用いられるテクニック。正しくは「マントリング」。もっと正確には「マントルシェルビング」。マントルシェルフとは「暖炉の外枠」のことで、両ひじを外側へ直角に張り出す形が似ているから。

み

ミジカシイ（俗）　ルートクライミングにおいて、難しさが凝縮したスケールの小さいルートを呼ぶ。ボルダリングの要素が高い。

ミシン（俗）　足踏みミシンを使用する動作に似ていることから、登っている最中に足がガクガク震える様子を「ミシンを踏む」と呼ぶことがある。中途半端にフットホールドに足を置いているときに陥りやすく、思いきって加重すれば治ることが多い。

よ

ヨレる（俗）　疲労すること。

ら

ラップ wrap　包むこと。ホールドの持ち方のひとつ。飛び出たホールドを、コップを持つように包み込む。

ランジ lunge　飛び付き。ジャンプ。ダイノ。

ランディング landing　着地する地面。岩が折り重なっていたり、斜面になっていたりする場合は「ランディングが悪い」などと表現される。

り

リソール resole　靴底の張り替え。

リッジ ridge　岩の長く飛び出している部分。岩稜。

リップ lip　一般にコップの縁などをこう呼ぶが、クライミングの場合、強い傾斜から緩い傾斜へ移る角の部分を指す。

る

ルーフ roof　オーバーハングの極致で、ほぼ180度のもの。言葉の意味からすると、屋根の上はスラブだから違うような気がする。「シーリング（天井）」が正しいのかも。

れ

レイバック lay back　手（引く）と足（押す）のオポジションによって体を安定させ、三点支持で登る。主にクラック、特にコーナークラックを登る際に使うことが多い。

レスティング resting　単に休むことだけでなく、休むための技術も指す。

レッジ ledge　やっと立てるくらいの幅の岩の棚。

レッドポイント red point　2回目以上のトライで完登すること。ドイツのクルト・アルベルトがトライ中のルートに赤丸（レッドサークル）をつけ、完登するとこれを塗りつぶしていたことによる。

わ

ワイヤーブラシ wire blush　歯ブラシの大きなもので、毛の部分が鉄製となっている。主にルート開拓時に岩の掃除に使う。岩が削れるので、通常のクライミングの際に歯ブラシ代わりには使わないこと。

ワンムーブ（俗）　1カ所だけが難しいようなルートを「ワンムーブのルート」と呼ぶ。

Jack's Column

ジャック中根の
ボルダリングこぼれ話⑥

開拓・初登はおもしろい

　ボルダリングで何がいちばん楽しいかと聞かれたら、私は、誰も登っていない未知なるボルダーを発見し、そこに理想のラインを想い描いて初登することだと答えます。インドア・ボルダリングの本で、いきなり何を言うのかと思う人もいるでしょうが、想像してみてください。山の中や、南の島の海岸、あるときは旅先の川原で、巨石を見つけ、そこがはたして登れるのかどうかもわからないうえ、ムーブもすべて自分で見つけ出さないといけません。汚く泥がついていたり、苔むしている岩もあり、それを丹念に掃除して、何度もトライを繰り返すことも多いです。そして高くて怖い課題を解決し、岩の上にひとり立ったときの喜びは、それはもう大きなもの！　例えば、有名なエリアに行って、みんなで登ったときなどに、ルート図にないラインや、すでに登れたラインの隣のラインに行く新しいコースを勝手に作ってトライしてみたりすれば、誰でもプチ初登が楽しめることでしょう。

　ジムだって初登はできます。自分で新しいコースを設定し、それを登ればいいのです。最初は自分の得意とするムーブや、自分の好きなホールドをつなげて登ったってOK。ほかの人にも登ってもらい、おもしろいルートならば課題帳というコース地図に書いて保存できるジムもあります。とにかく初登はおもしろいのです。ぜひみなさんもトライしてみてください。

おわりに

「ボルダリング」という言葉はすっかり一般的になりました。メディアで取り上げられることも珍しくなく、今後、ますますメジャーになっていくのではないでしょうか。

最近の傾向としてこれまでと大きく違っているのは、ジムでしか登らない人の存在です。一昔前まで人工壁は岩登りの練習でしたが、今はジムで完結している人がたくさん。フィットネス感覚というか、水泳やヨガと同じような感覚なのでしょう。ボルダリングは日常的に行なうひとつのスポーツとして、認知された感があります。

本書ではインドアのボルダリングに絞って、そのノウハウを紹介しました。しかし、本書の冒頭でもふれたとおり、アウトドアでのボルダリングはその環境に身を置くだけで気持ちいいものです。ぜひとも、インドアを抜け出して外岩へ行ってみてください。

ジムから外岩へ。またはボルダリングからリードクライミングへ。クライミングの世界は際限なく広がっています。本書のテーマを否定するわけではありませんが、インドアのボルダリングにとどまることなく、みなさんのクライミングライフが広がっていくことを願っています。

ROCK&SNOW編集部

監修
中根穂高（なかね・ほたか）
クライミングショップ「カラファテ」のアドバイザースタッフ。現在の都市型ジムボルダリングのブームを作り、スポートクライミングの一流アスリートを数多く育てた。クライミング歴50年超えのノウハウを生かしたインストラクションは、わかりやすいと定評がある。現在も愛犬「はな」と共に日本中の岩場やボルダーを開拓初登している。

取材協力
カラファテ目白店
1989年創業のクライミング・バックカントリースキー専門店。経験豊富なスタッフがシューズやウェア、ギア選びをていねいにサポートしてくれる。JR山手線目白駅から徒歩約5分。☎03-3952-7117　火曜定休　https://calafate.co.jp

写真
加戸昭太郎、亀田正人、大石明弘、後藤匡人、山田 薫、山本浩明

イラストレーション
珈琲、神田めぐみ、斉藤綾一、ヨシイアコ

執筆
中根穂高、北山 真、関根 匡、根本国彰、矢崎慎一

装丁・本文デザイン
伊勢弥生、古郡和子、高木孝子（DNPメディア・アート）

編集
小林千穂、吉野徳生（山と溪谷社）

インドアボルダリング練習帖 改訂版

発行日　2025年3月10日　初版第1刷発行

編・監修　ROCK&SNOW編集部、中根穂高

発行人　川崎深雪
発行所　株式会社山と溪谷社
　　　　〒101-0051 東京都千代田区神田神保町1丁目105番地
　　　　https://www.yamakei.co.jp/

印刷・製本　大日本印刷株式会社

■乱丁・落丁、及び内容に関するお問合せ先
　山と溪谷社自動応答サービス　電話03-6744-1900
　受付時間11時〜16時（土日、祝日を除く）
　メールもご利用ください。
　【乱丁・落丁】service@yamakei.co.jp
　【内容】info@yamakei.co.jp

■書店・取次様からのご注文先
　山と溪谷社受注センター
　電話048-458-3455　FAX048-421-0513

■書店・取次様からのご注文以外のお問合せ先
　eigyo@yamakei.co.jp

ISBN978-4-635-16033-9
©2025 Nakane Hotaka All rights reserved.
Printed in Japan

＊定価はカバーに表示してあります。
＊乱丁・落丁本は送料小社負担にてお取り替えいたします。
＊本書の一部あるいは全部を無断で転載・複写することは、著作権者および発行の権利の侵害となります。

本書は、2014年に小社より刊行された『インドアボルダリング練習帖』をもとに、
写真・イラスト・本文を一部修正し、再編集したものです。